김현식의
K콘텐츠혁명

미디어샘

프롤로그

　　　　이 책은 한류 현상을 높이 평가하고 한류의 바탕을 정서에 두지만, 객관적인 자료와 근거를 갖고 풀어내려고 한다. 또한 한류가 어떻게 형성되고 진화되어 오늘날에 이르고 있는지 살펴보고, 앞으로 어떻게 더욱 발전해갈 수 있을지도 이야기할 것이다. 통계나 사실의 나열보다는 다양한 사례 속에서 한류의 진면모를 파악하고 이해하며 미래의 방향성까지 모색할 수 있는 내용을 담으려 한다.

　　'1부 한류라는 오해'에서는 한류에 대해 잘못 알려지거나 가려진 점들을 짚는다. 한류가 어떻게 형성되었는지,

그리고 그 과정에서 어떻게 필자가 대중문화에 관심을 갖게 되었고 그것이 한류 현상과 어떻게 맞물리는지 다룰 것이다.

'2부 케이콘텐츠의 진짜 비결'에서는 한국의 콘텐츠가 세계적으로 인기를 끌게 된 이유를 알아본다. 이어서 '3부 케이콘텐츠, 그 너머'에서는 한류가 어떤 방식으로 세계인들에게 다가갈 수 있었는지 그 제작과 유통의 방식을 살피고 미래의 전략도 모색해볼 것이다.

이 책에서 한류의 신화를 과장하거나 부풀리고 싶은 생각은 없다. 오히려 그러한 점을 강조할수록 신화는 없어질 것이다. 대부분 있는 사실에 바탕을 두고 주관적인 견해를 자제하면서도 정합적으로 접근하려 노력했다. 케이콘텐츠는 이 시간에도 계속 만들어지고 진화하고 있으므로, 그 원리를 중심으로 학습하는 것이 또 다른 진일보를 위한 과정일 것이다. 동의할 수 없는 지적들이 있어도 전체적인 방향성 속에서 같이 숙의하고 고민하는 데 매개물로 활용했으면 하는 바람이다.

차례

한류라는 오해

1부

한류와 케이콘텐츠의
차이

"한류韓流와 케이콘텐츠의 차이는 무엇이죠?"

곧잘 이런 질문을 받아왔다. 과연 차이가 있을까. 우선 한류에 관한 기원과 오해를 풀어보자. 흔히 한국에서 한류라는 말은 '2000년 중국의 언론이 만들어낸 용어'라고 이야기한다. 특히 H.O.T.가 2000년 2월 북경에서 콘서트를 연 이후 중국 언론이 한류라는 단어를 쓴 것으로 여긴다. 하지만 한류라는 말의 쓰임은 그 이전으로 거슬러 올라간다. 1990년대 말부터 한류라는 말이 쓰이기 시작했다. 사실 '류流'는 '식' '스타일' '파' 등을 뜻하는 일본식 표현이다. 일본에서는 1980년대 홍콩 영화의 유행을 '홍콩류', 즉 '항류港流'라고 했고 1990년대 일본 TV 드라마, 애니메이션, 게임 등의 유행을 '일류日流'라고 했다. 1997년 무렵부터 중화권을 중심으로 한국 TV 드라마가 인기를 얻으며 한국에 관한 관심이 커졌고 대만에서 '하일한류夏日韓流', 중국에서 '일진한류一陣韓流' 등의 표현이 사용되기 시작했다. 1997년 6월 15일, 중국 CCTV에서 MBC 드라마 〈사랑이 뭐길래〉가 〈爱情是什么〉, 즉 〈사랑이 뭐길래〉라는 뜻 그대로의 제목으로 방영되었다. 매주 일요일 오전 9시 10분에 방영한 이 드라마는 최고 시청률이 15%였는데, 당시 외국 드라마의 시청률이 2% 내외였다는 것을 생각하면 월등한 수준이었다.

1997년 중국공산주의청년단(공청단)의 기관지 《중국청년보(中國靑年報, China Youth Daily)》 3월 22일자 9면에는 '韓流 制造(한류 만들기)'란 제목의 전면기사가 실렸다. 《중국청년보》는 전국에서 발행되는 종합 일간지이며 중국 대륙에서 발행되는 신문 중 최대 발행 부수를 자랑하는 권위 있는 매체다. 또한 한류라는 말은 1998년 12월 17일 대만 《연합만보聯合晚報》에도 사용되었고, 대만 음반회사 군스창피엔滾石唱片에서는 선전 문구로 한류를 썼다.

1999년 11월 19일에는 중국의 《북경청년보》가 '한국의 대중문화 붐'을 가리키는 말로 한류韓流를 사용했다. 1999년 11월 북경의 공인체육관에서 〈꿍따리 샤바라〉의 클론이 공연한 이후였다. 1999년 문화관광부에서는 중국에 한국가요를 홍보하기 위해 '韓流-Song from Korea'라는 CD를 배포했다. 문화관광부에서 CD를 만들었다고 해서 우리 가수들의 노래가 인기를 끌게 되었던 것은 아니고, 이미 해외에서 인기가 일고 있어 정부 부처가 만들었을 뿐이다

어쨌든 항류, 일류에 이어 한류라는 표현이 대만, 중국 등에서 자연스럽게 사용되기 시작했고, 한국 언론이 이를 전하는 가운데 이를 공식적으로 한국 정부에서 제작, 배포한 음반과 포스터의 제목으로 사용되기에 이른다. 한국 언론에서는 한류라는 표현을 2000년 이후부터 본격적으로 사용했다. 한국 언론은 해외의 반응에 민감하기 때문에 이는 당연한 순서였다. 일본의 경우 2003년 〈겨울연가〉의 인기 이후로 한류라는 말이 널리 사용되기 시작하였다. 한류는 영어로 'Korean Wave' 또는 'Korean Fever'라고 쓰이거나 'Hanliu' 또는 'Hallyu'라고 표기되기도 했다. 이때만 해도 학계는 거의 관심이 없었고, 진짜 한국 문화라고

여기지도 않았다. 그래서 정부 부처조차 진짜 한류를 보여주겠다는 홍보 문구를 즐겨 사용했다. 하지만 2010년대에는 케이팝이, 2020년대에는 케이드라마가 전 세계적인 확산일로에 들어서면서 개념과 프레임(인식틀)은 완전히 바뀌게 되고 이런 맥락에서 케이콘텐츠의 한류 개념이 더 각인되었다.

그렇다면, 케이콘텐츠는 무엇이고 언제부터 사용된 말일까. 케이콘텐츠는 케이팝에서 확장된 개념이라고 할 수 있다. H.O.T., 젝스키스 등 1세대 아이돌에 이어 2세대 아이돌 음악이 2010년대 이후 부각되었다. 2011년에는 일본에서 카라와 소녀시대의 입지가 확고히 마련되어 한국 노래 붐이 일었다. 그 후 장근석의 도쿄돔 공연은 4만 5000석이 매진되었다. 이때는 케이팝이라는 말보다 아이돌 한류가 일본을 휩쓸었다는 식으로 언론들은 보도했다. 하지만 유럽이나 미국으로 가면 달랐다. 2011년 6월 10~11일 프랑스 파리에서 SM엔터테인먼트 소속 가수들이 총출동한 'SM타운' 콘서트가 열렸을 때 '한류'라는 단어 대신 케이팝이라는 용어가 사용되었다. 싸이의 〈강남 스타일〉은 2012년 9월 29일자 미국 빌보드 핫 100 차트에서 11위를 차지했고, 그 뒤로 7주간이나 2위를 기록했다. 이때 케이팝이 확장되었다.

　Korea를 의미하는 K는 한국 시장 안에서는 굳이 사용할 필요가 없다. 무엇보다 케이팝은 아시아를 넘을 때 가능하다. 서구에서 우리를 인식한 것이 Korea이기 때문이다. 한류는 중국이나 일본의 타칭他稱 개념이다. 한류는 그들 속에서 인정하는 것이 아니라 흘러가는 것이다.

　케이팝은 일시적인 유행을 말하는 한류와 질적으로 달랐다. 다른 누군가가 타칭하는 용어도 아니다. 유행과 상관없이 하나의 독자적인 정체성을 갖고 있는 것이다. 당연히 케이콘텐츠도 그런 정체성을 주체적으로 내재하고 있는 개념이라고 할 수 있다. 무엇보다 케이콘텐츠는 디지털 콘텐츠, 특히 SNS를 통한 전파 및 확산의 특징을 갖고 있다. 근본적인 유통 혁명에 기반하는 것이다.

　케이콘텐츠는 케이 스타일로 불리고 케이 푸드, 나아가 케이 방역이란 말까지 쓰이고 있다. 너무 케이를 남발한다고 여기는 이들도 있지만 그럴 수밖에 없다. 상대방의 선택과 관계없이 우리를 호칭하는 개념으로 확장할 필요가 있었다. 한류의 여부에 관계없이 케이콘텐츠와 스타일은 그대로 존재할 것이다. 이미 콘텐츠를 넘어 하나의 생활 문화로 자리를 잡는다는 것은 일시적인 흐름이 아니라 하나의 문화의 존재 양식으로 뿌리를 내리기 시작했다는 의미다. 케이콘텐츠가 중심을 잡고 있는 한 한류는 지속될 수밖에 없다.

케이팝의 시작이
미8군이라고?

2015년 겨울 즈음, 문화체육관광부에서 발표한 공식적인 케이팝K-pop 자료를 보고 깜짝 놀란 적이 있다. 그즈음 한동안 사그라들 것으로 생각했던 케이팝이 2010년대 '한류 3.0'이라는 이름으로 부활했기에 아마도 케이팝의 연원을 정리한 모양이었다. 하지만 그 시원은 잘못된 것이었다. '한류 1.0'은 1990년대 중화권을 중심으로 한 드라마와 함께 댄스 음악의 인기가 그 중심에 있었다. '한류 2.0'은 2000년대 이후 드라마와 아이돌 음악의 인기로 이어지는데 중화권에 머무르지 않고 일본과 아시아, 중동으로 확장된다. '한류 3.0'은 2010년대 이후 한국의 대중음악이 '케이팝'이라고 불리며 다양한 뮤지션을 통해 전 세계에 진출하는 시기라고 할 수 있다. 해외 영화제와 필름 마켓에서 장르물들이 선전하기 시작한 것도 이 시기다. 2020년대 이후는 '신한류 시대'라고 불리며 '한류 4.0' 시대로 넘어온다. 즉 온라인 동영상 플랫폼을 포괄하여 드라마는 물론 케이팝, 그리고 케이영화에 이르기까지 다채롭게 확산하는 시기다. 더 나아가 콘텐츠만이 아니라 라이프 스타일까지 한류 현상을 일으키게 된다.

문체부 자료가 충격적이었던 것은 케이팝의 시작이 '미8군'이라고 적혀 있었기 때문이다. 한국의 음악 역사를 왜곡하고 단절시킨 것을 보고 충격을 받아 음악에 관한 책 《케이팝 DNA》를 집필했다. 이 책에서는 한국 전통음악의 원류가 어떻게 케이팝에 전승되고 창조되고 있는지를 정리했다. 장르는 달라도 그 안에는 음악적 코드가 들어 있기 마련이다. 단지 미8군을 통해 미국의 팝송이 들어왔다고 해서 그것이 케이팝의 시작이라고 규정한다면 현실 착오적인 발상이다. 트로트가 일제 강점기에 들어왔기 때문에 일본인이 만들었다고 주장하는 것과 같다. 한류는 백제 시대에도 있었다. 헤이안 시대平安時代에 '구다라가쿠'라

불린 백제악百濟樂이 그것이다. 백제 무왕 때의 무용가인 미마지味摩之는 일본에 기악무伎樂舞를 전파하면서 일본 전통 가면극 기가쿠를 형성시켰다. 중요한 것은 그 지역에 전파된 문화가 어떻게 자리 잡는가일 것이다.

한국에 방문한 어느 해외 유학생이 베트남 쌀국수를 먹어보더니 자신이 알던 베트남 쌀국수가 아니라고 했다. 그에게는 그 국수가 한국화된 쌀국수였다. 짜장면처럼 한국에만 존재하게 된 쌀국수는 문화 세포막cell membrane이 만든 현상이다. 리처드 도킨스Clinton Richard Dawkins는 문화유전자 밈을 말하지만, 문화에는 민족과 국가 간에 문화 세포막이 있다. 세포막은 세포를 유지하며 선택적 투과성을 갖고 있다. 세포막은 아무 물질도 통과시키지 않는다. 세포를 유지하는 데 도움이 되는 것만 선택적으로 받아들인다. 한 사회와 민족, 국가의 문화도 마찬가지다. 문화의 원형이 존재하며 그것을 붕괴시키는 문화는 진입할 수 없다. 붕괴시키지 않으면서 결합할 때 새로운 문화 현상이나 결과물, 즉 작품이나 콘텐츠, 사례들이 나온다. 무악巫樂, 향악鄕樂, 속악俗樂 등 고유의 한국 음악은 고려 시대에는 속요라는 노래 형태로 주목받았으며 조선 시대에는 민요와 판소리로 진화하게 된다. 가요라는 말은 사실

상 이런 민중과 백성들 사이에서 전래하는 음악이다. 일제
강점기에 들어서면서 민요는 '폭스트롯'이라는 미국 음악
과 결합하게 된다.

2012년 일본엔카가요협회의 타카키 이치로 회장은 엔
카를 만든 고가 마사오가 한국인이라고 주장했다. 타카
키 이치로는 엔카 400여 곡 이상을 취입한 가수 출신이다.
또한, 그는 "엔카는 한국의 것"이라고 말했다. 이 내용은
2012년 다큐멘터리 2부작〈한국인의 소울, 트로트〉로 제
작되어 아이넷방송에서 방송되었다. 이 다큐멘터리의 연
출자는 세계적인 권위를 자랑하는 암스테르담 국제 다큐
멘터리 영화제IDFA에서〈달팽이의 별〉로 대상을 거머쥔
이승준 감독이다.

엔카에서 애절한 멜로디는 한국에서 가져왔다고 고백
한 고가 마사오는 한국의 인천에서 소학교와 선린상고를
나왔고 1969년에는《경향신문》의 초청으로 선린상고에
다녀가기도 했다. 그는 한국에 있을 때 민요, 장구, 피리,
판소리 등을 배웠는데 반야월 선생은 생전에 고가 마사오
가 한국의 노래를 훔쳐 일본에서 엔카를 만들었다고 했다.
즉, 1932년 일본 엔카의 효시는 1928년에 발표한〈황성옛
터〉를 베낀 것이라고 주장했다. 고가 마사오가 1932년 발

표한 〈술은 눈물인가 한숨인가〉와 〈희망의 고개로〉, 그리고 〈님 자취 찾아서〉 등이 이에 속한다.

이예리나가 노래한 〈황성옛터〉(전수린 작곡, 왕평 작사)는 대중가요 제1호이자 전통가요의 효시라고 알려져 있다(《브레이크뉴스》, 2009.5.7.). 어떻게 보면 근대가요라고 할 수 있다. 다만 그 속에 트로트 음이 있는 것이다. 왕수복, 선우일선, 김복희 등의 노래에서는 민요의 시김새 창법이 두드러졌다.

한국 민요의 70%는 굿거리장단으로 8분의 12박자다. 나머지 30%는 세마치장단으로 8분의 9박자다. 두 장단 모두 3으로 나뉘기 때문에 3박자 리듬에 익숙하다. 이애리수의 〈황성의 적(황성옛터)〉이나 고복수의 〈타향〉은 4분의 3박자였다. 다만, 당시 일본의 영향을 받아 요나누키 단음계의 4분의 3박자였고 나중에 4분의 2박자 노래로 나아가게 된다. 이는 트로트 노래가 엔카라고 말하는 이유가 된다. 고가 마사오는 일본 단음계를 적용한 것으로 보았던 〈황성의 적(황성옛터)〉 등을 참조하지 않을 수 없었고, 3박자 계통의 곡을 2박자 계통의 노래로 단순화시킨 엔카를 선보였다. 그리고 그것이 다시 한국으로 수입되어 영향을 미쳤다. 실제로 채규엽은 고가 마사오의 노래들을 들여와 크게 히트시킨다.

그런데 그 당시의 트로트와 지금의 트로트는 너무 다르다. 세계의 모든 유행가가 트로트가 아닌 우리 가요에 접목이 되었기 때문이다. 사실 이것이 대중음악의 역사적 본질이라고 한다면 왜색 시비나 미8군 유래설은 의미가 없다. 여러 음악 요소를 받아들여 당대의 대중들에게 주목을 받는 것이 중요하기 때문이다.

발라드도 마찬가지다. 발라드Ballad는 '춤춘다Ballare' 라는 뜻의 라틴어에서 유래됐다. 서양 고전음악의 한 장르로, 본래는 중세시대 음유시인들이 불렀던 시와 노래의 형식을 말한다. 한국만큼 발라드가 세계에서 많이 불리는 나라도 없다. 한국의 가요가 감정에 크게 호소하여 '청승'을 떨거나 한의 애절함을 노래하는 면이 있기 때문이다. 민요로 치면 토리 창법이 들어 있다. 백지영은 우리나라 가요 코드와 결합한 발라드를 '뽕 발라드'라고 불렀다.

이 '뽕'이 바로 한국의 가요가 가진 가장 큰 특징이다. 다른 장르를 좀 더 보자. 1970년대 한국의 록 음악은 이른바 '록뽕' 혹은 '뽕락'이다. 미8군을 중심으로 활동했던 로커 신중현이 가왕 조용필을 향해 그의 노래들을 뽕락이라고 비판한 것이 시초다. 록뽕은 음악 스타일로 볼 때, '록'

이라는 장르 위에 약간의 '한국적인 뽕끼'를 가미한 것이라고 할 수 있다. 비록 미8군에서도 활동했지만, 조용필만큼 민요와 창을 자신의 노래에 적용한 사람도 없다. 그런데 신중현이 1973년 신중현과 엽전들을 결성하여 발표한 〈미인〉 등도 결국에는 그가 비판한 한국의 음악 특색인 '뽕끼'에서 벗어나지 못한다. '한국 록의 대부'라는 평가를 듣는 신중현도 뽕끼를 적극적으로 융합했던 것이다. 그가 발굴한 김추자, 펄시스터즈 등이 부른 노래들도 마찬가지였다. 서유석, 김정호, 윤형주 등 젊은이의 마음을 사로잡던 포크 계열의 가수들도 마찬가지였다. 그래서 미국 포크가 아니라 한국의 포크송이라는 말을 듣게 된 것이다. 이는 이후에 김광석도 마찬가지였다. 이문세의 히트곡 제조기였던 이영훈도 바로 이 '뽕끼'를 다양한 장르에 접목했다.

서태지와 아이들을 비롯해 대부분의 히트 가수들의 노래에는 이러한 '뽕끼'가 들어 있다. 원래 장르의 특징을 언급하며 정통성을 강조했던 뮤지션들은 다 실패했다. 케이힙합도 마찬가지다. 원래의 힙합과 아주 다르다. 한국어 가사로 쓰인 랩도 한국어의 특징을 잘 반영하고 있다. BTS를 비롯한 많은 한국 아이돌 음악에서도 전통가요의 특징이 많이 드러난다. BTS를 만든 방시혁 프로듀서도 '뽕끼'

를 적극적으로 활용하고 있다고 밝혔다. 용감한 형제 같은 작곡가도 '뽕끼'를 활용한 음악을 만들었다.

이러한 한국 음악의 궤적은 한류의 본질이며 미래의 방향성이라고 할 수가 있다. 케이팝의 시작이 미8군이 아닌 이유다. 그것은 케이 드라마의 시작이 넷플릭스라고 하는 것과 다르지 않다.

한류의 수원지,

웹툰

프랑스 평론가 프랑시스 라카생Francis Lacassin
은 연극, 회화, 무용, 건축, 문학, 음악, 영화, 사진에 이
어 만화를 제9의 예술이라고 했다. 프랑시스 라카생의 말
대로라면 만화는 가장 늦게 예술의 반열에 올라가게 된 셈
이다. 가장 막내 장르에 해당된다고 볼 수 있는 만화가 이
제 가장 파워풀한 장르가 되었다. 만화는 일방적으로 영향
력을 행사하기보다는 각 문화 콘텐츠 장르에 창작의 원천
을 제공하는, 이른바 수원지 역할을 한 지 오래다. 더구나
모바일 문화가 진전되면서 더욱 만화가 힘을 갖게 되었고,

그 중심에 웹툰이 있다.

종이로 된 출판 만화도 이전에는 유통구조가 더욱 제한적이었다. 한 국가에서 인기가 있는 만화책의 경우 다른 국가로 번역되어 유통되는 데 시간이 많이 걸렸다. 정작 어렵게 번역 출간이 된다고 해도 문화적 정서가 맞을지 알 수가 없었다. 본래 문화적 정서가 맞는다고 해도 시간적 공감대가 덜할 수 있었다. 영상 콘텐츠로 제작되었을 때는 더욱더 시간이 소요된다.

그런데 웹툰의 경우에는 인터넷 플랫폼에서 누구라도 접근할 수가 있다. 이 때문에 어느 정도 반응이 있는지 쉽게 알 수 있다. 객관적인 조회 수가 그대로 집계되기 때문이다. 따라서 인기에 따른 수익 정도가 얼마나 될지도 가늠할 수가 있다. 표적 고객도 추출할 수 있고 이를 통해서 마케팅과 세일즈를 하기도 쉽다.

물론 웹툰이 아무리 인터넷에서 접근 가능성이 높다고 해도 언어의 한계를 넘어설 수는 없다. 하지만 각 현지에 맞는 플랫폼들이 만들어지고 있기 때문에 언어의 장벽은 무너지고 있다. 언어의 장벽이 무너진다는 것은 문화의 장벽이 무너지고 감정의 이해 폭과 공감 가능성이 커진다는 것을 의미한다. 그렇게 되면 만화의 원작이 갖고 있는 내용 그대로를 더 많은 이들이 즐길 수 있다. 해외 플랫폼을 통해 현지의 작가들을 발굴함으로써 콘텐츠 비즈니스 차원에서 케이콘텐츠가 원천 콘텐츠로 삼을 수 있는 문화 자원을 늘릴 수도 있을 것이다. 이른바 IP(지적 재산권)를 더 많이 확보할 수 있는 경제적 효용성이 생긴다.

웹툰은 그 자체로 머무는 것이 아니라 영상화와 필연적으로 짝을 이루는 것이 디지털 모바일 시대의 장점이자 숙명이다. 기존 만화이든 웹툰이든 영상화를 하는 데 유리한 점이 있다는 점은 다 알려진 사실이고 누구나 충분히 이해할 수 있다. 시각적 그림으로 스토리라인과 구성, 전개가 이뤄져 있기 때문이다. 그에 비해 텍스트로 이뤄진 소설은 영상으로 옮길 때 장애 요인이 있다.

봉준호 감독은 대학 때 학교 신문사에서 만화를 그렸다. 그 덕인지 그는 영화 콘티를 직접 짜기로 유명하다. 감독이 직접 콘티를 정확하게 그릴 수 있으면 여러 가지 좋은 점이 있다. 일단 감독이 의도하는 바를 정확하게 제작진이 알 수 있고 공유할 수 있으므로 영화 촬영 과정이 정확하게 진행될 수 있다. 또한 그가 사회성 짙은 영화를 만들면서 재미를 줄 수 있는 것도 바로 이런 만화적 재미를 알고, 그것을 실제로 그려본 창작자이기 때문이다. 지금의 세대를 영상 세대라고 하지만 사실 어떻게 보면 만화적 코드에 바탕을 둔 영상 세대라고 해도 지나침이 없을 것이다. 봉준호 감독의 작품은 이런 특성 때문에 세계적으로 인정을 받고 특히 젊은 세대에게도 어필할 수 있었다.

좀 더 디지털에 맞추어진 세대가 주류를 이뤄가고 있는 것은 세계적인 현상이자 당연한 흐름이다. 만화와 웹툰은 시각적 문화기호를 사용하기 때문에 영상화에 용이하다는 공통점이 있지만, 다른 점도 분명히 있다. 웹툰을 볼 때는 옆으로 넘기지 않고 위에서 아래로 시선 이동을 한다. 따라서 시선이 매우 순식간에 이동한다. 웹툰에서는 독자가 더욱 직관적으로 빨리 이해할 수 있도록 인물과 대사, 장면을 배치해야 한다. 면도 훨씬 더 자유롭게 분할하며 아예 이런 네모 칸 구분이 없는 경우도 빈번하다. 또 말풍선에 연연해하지 않아도 된다.

그런데 이러한 점은 영상화할 때 장애 요인이 될 수도 있다. 감정의 밀도가 강한 작품을 영상화할 경우 좀 더 세심한 연출 방식이 필요하다. 장르적인 속성이 강한 작품이 이런 영상화에 적합할 수 있다. 그래서인지 한국 콘텐츠 가운데 장르물 웹툰이 강세를 띤다.

케이콘텐츠가 세계에서 주목을 받고 있고, 그 원천인

웹툰에 대한 주목도도 증가하고 있는 것이 사실이다. 〈지금 우리 학교는〉이라는 드라마가 인기를 끌면서 원작 웹툰 페이지의 방문자 수도 수십 배 증가했다. 여기에서 하나하나 언급하지 않더라도 이와 비슷한 사례를 얼마든지 찾을 수 있다. 그러나 웹툰으로 성공한 작품을 영상화했을 경우 반드시 흥행하는 것은 아니다. 이른바 '리스크 헷징Risk Hedging'을 해야 한다. 때문에 새로운 직종으로 부상한 웹툰 피디의 역할이 중요해지고 있다. 웹툰 피디의 기본적인 일은 작가가 작품을 완성하는 데 모든 지원을 하는 것이라고 할 수 있다. 작품의 완성도를 높이는 것은 물론이고 좀 더 많은 사람들이 읽을 수 있게 대중화하는 데 노력한다. 작가와 작품에 관한 이야기를 나누고 지속적으로 소통하며 작품을 완성해간다. 그들이 하는 또 하나의 중요한 일 가운데 하나는 신진 작가들을 발굴하는 것이다.

매주 웹툰 피디들은 역량 있는 작가와 작품을 새로 발굴한다. 이들은 웹툰을 좋아할 뿐만 아니라 자신만의 취향을 넘어 사람들이 좋아할 수 있는 작품과 작가들을 찾아내야 한다. 이러한 웹툰 피디들의 역할이 단지 웹툰을 기획, 창작하는 데만 집중된다면 그 원작이나 작가의 역량을 충분하게 발휘시키지 못하는 일일 수 있다. 영상화를 어떤 장르로 하고 어떤 연출 기법으로 할 것인지, 그리고 어떠한 제작진에게 작품이 돌아가는 것이 필요한지도 웹툰 피디가 생각할 수 있어야 한다. 케이콘텐츠가 영향력을 확대할수록 이들의 활동이 더욱 활발해질 필요가 있다.

〈겨울연가〉,

그 신화 이후

　　한 방송국에서 한류 특집을 했다. 초대 손님으로 〈겨울연가〉를 만든 피디가 출연했다. 비록 잠깐이지만 실물을 본 것은 처음이었다. 〈겨울연가〉를 만들게 된 계기부터 이후의 알려지지 않은 이야기도 많이 들을 수 있어서 흥미로웠다. 〈겨울연가〉 열풍이 일어난 지 한참 뒤에도 이렇게 연사로 방송에 나오는 것을 보니 대단했긴 했구나 하는 생각이 절로 들었다. 2002년 한국에서 방송된 〈겨울연가〉는 일본에서 NHK 위성방송(BS-2)에서 두 차례나 방송했다. 너무 인기 있어서 한 차례 방송을 했는데,

이 또한 인기가 식지 않아 마침내 NHK 지상파에서도 방송했다. NHK는 90분 분량의 관련 다큐멘터리를 제작해 방송할 정도였다.

사람들은 〈겨울연가〉가 일본에서 크게 히트한 사실만 언급하곤 한다. 사실 2000년에 제작한 〈가을동화〉의 경우 주로 중화권에서 인기가 있었다. 이때는 중국이 매력적인 한류 시장이 아니었기 때문에 덜 주목을 받았다. 한류의 특징을 지닌 한국 드라마는 〈겨울연가〉에서 정점을 찍었다고 할 수 있다.

그런데 〈겨울연가〉 이후 그 책임 피디가 제작한 두 편의 드라마가 있었다는 사실은 잘 알려져 있지 않다. 어쩌면 〈겨울연가〉 이후에 다른 두 작품이 있다는 사실이 잘 알려지지 않은 것이 그 명성을 위해서 좋은 일이었는지도 모른다. 2003년 〈여름향기〉에는 송승헌, 손예진이라는 걸출한 한류 스타들이 캐스팅되었고, 일찌감치 대만과 중국 일본에 판권이 팔렸다. 일본에서는 〈겨울연가〉와 마찬가지로 NHK에서 방송되었다. 이어 2006년 〈봄의 왈츠〉에는 한효주, 서도영, 다니엘 헤니 등이 출연했고 이 드라마 역시 〈겨울연가〉가 선을 보인 NHK 위성방송(BS-2)에서 방영되었다. 이른바 계절 드라마 시리즈였다. 계절이나 배경 공간 인물들이 만들어내는 서사는 달라도 순수, 따뜻함, 아름다움은 공통적인 중심 코드였다.

〈겨울연가〉의 책임 연출자 윤석호 피디의 작품은 어느날 갑자기 이뤄진 것은 아니다. 그가 제일기획에서 광고를 제작하던 시절에 한 컷 한 컷 예술하듯 촬영을 하며 쌓은 공력이 마침내 축적된 결과물로 나온 것이었다. 〈느낌〉〈칼라〉〈순수〉〈광끼〉 등 앞선 작품들도 있었다. 한편으로 생각해보면 그가 KBS에서 드라마를 제작했기 때문에 오히려 한류 현상을 일으킬 수 있었다. 특히 일본에서 폭발적인 인기를 끌 수가 있었다. 〈가을동화〉도 뻔한 클리셰가 많았지만 중국에서는 인기를 끌었다.

그런데 〈겨울연가〉 이후에 제2의 〈겨울연가〉가 없었던 이유가 무엇일까? 〈여름향기〉나 〈봄의 왈츠〉는 〈겨울연가〉의 후광효과로 판권은 팔렸지만, 자체의 한류 동력을 만들어내지 못했다. 그 드라마들이 한류 콘텐츠로 언급되지 않는 이유로는 여러 가지가 있겠지만 당시 많이 언급되었던 한계는 시청자들을 지나치게 의식했다는 점이었다. 특히 한국의 시청자들이 아니라 일본 시청자를 지나치게 의식했다. 일본 사람들은 이런 걸 좋아할 것이라고 설정을 한 내용들은 오히려 이질감을 더 강화했다. 이는 일

본에 대한 타자적 시선으로 만든 것이기 때문에 진정성은
물론이고 적절한 감성을 불러일으킬 수도 없었다. 〈겨울
연가〉가 일본 시청자들을 전혀 배려하지 않고 온전히 진
정성 어린 스토리 전개를 구성하고 연출한 것과는 매우 다
른 점이었다.

일본이나 중국에서 한국 사람들이 좋아할 만한 내용
과 구성을 고려하여 드라마를 만들어 수출한다면 과연 흥
행할 수 있을까? 한국의 제작진들과 컬래버레이션을 하지
않은 것이라면 그 성공 가능성은 점치기가 어려울 것이다.

대중들이 좋아할 만한 내용과 포맷을 지향한다고 해서
무조건 성공하기는 힘들다. 사람들이 많이 좋아하는 어떤
콘텐츠를 겨냥하면 좀 더 많은 사람들의 이목을 집중시키
겠다는 조급함과 강박감이 개입한다. 이른바 진정성만이
아니라 작품성까지도 해칠 수 있는 장애 요인이 생기는 것
이다. 한류의 '류'는 흐름이기 때문에 정체된 문화코드라
고 규정하는 순간 썩은 물처럼 된다. 사실 한류 흥행작조
차 복제를 하면 외면당할 수 있다.

물론 드라마 자체에 특유의 속성이 있기는 하다. 윤석
호 피디는 이렇게 말했다.

"영화 감독은 평론가들이 흥행에 관계없이 예술가 대

접을 해주지 않나. 방송은 예술이라기보다는 대중매체라고 할 수 있어서 수요자의 호응도가 중요하니까."

드라마는 결국 시청자들의 반응을 염두에 두고 만들어야 한다는 말인데 이를 공감하지 못할 바는 아니다. 시청률에 따라서 희비가 엇갈리는 상황이라면 드라마는 시청자의 반응을 신경 쓰지 않을 수가 없다. 그렇지만 창작자 개인들에게는 그것이 끝은 아니다. 하나의 과정일 수 있다. 그리고 이를 잊지 않는 것이 중요할 것이다. 그는 이런 맥락을 알고 있었고 한편으로 또 이렇게 말했다. "지나치게 흥행 상품을 만드는 것보단 자기 색깔을 주장하고 자기 것을 만들 수 있다는 건 행복한 거다. 나는 제작자이면서 연출자이기 때문에 가능했다."

윤석호 피디는 수요자의 호응도를 중요하게 여겼기에 이에 부합한 대중적인 작품, 그러니까 한류 드라마를 만들고 제작자 겸 연출자가 될 수 있었던 것이다. 많은 창작자들이 젊은 시절에 기본부터 한 걸음씩 밟는다. 하지만 대중성과 작품성 안에는 진리를 본 사람만이 할 수 있는 시도가 있어야 한다. 그것이 시청자들의 공감과 만날 때 한류 현상은 일어날 수 있다. 결국 인간으로서 겪은 삶의 진실에서 보편성을 얻을 수밖에 없기 때문이다. 한류 현상은 전문가들이나 호사가들의 평가에 신경을 쓰지 않고 삶 속에서 진정성을 길어 올리려고 한 창작자들의 마음이 우선 있었기 때문에 일어날 수 있었다. 〈겨울연가〉 이후의 드라마가 큰 성공을 거두지 못한 것은 오히려 우리 드라마가 진화하는 데 도움을 줬다. 냉정한 평가 작업이 있었고 그것을 제작자들이 참고했기 때문이다.

한류는

팝 컬처다

중학교 때는 팝송을 듣고 영어 공부를 하는 것이 하나의 필수 절차로 보였다. 드라마와 영화에도 그런 장면이 많이 나왔다. 그러나 고등학교 때에는 팝송에 대해 비판적 관점의 책을 읽는 것을 의식 있는 행위로 여겼다. 대학생들이 읽는 사회과학 서적을 읽다 보니 자연스럽게 이런 생각에 동조하게 되었다. 한국의 대중가요에 대해서도 부정적으로 인식하게 되었다. 그래서 해외 팝송은 물론 우리 대중가요와 담을 쌓았던 때도 있었다. 나아가 드라마와 영화도 멀리하게 됐다. 만약 영화를 본다면 이른바 권위 있는 영화제에서 상을 받거나 평론가들이 높게 평가하고 의식 있다는 영화잡지에서 추천하는 영화들만 봤다. 뭔가 진지하고 의미가 있어 보이는 작품들이었다.

그런데 작품을 많이 보다 보니 일정한 패턴이 보였다. 오히려 이런 작품들이 대중 영화보다 더 노력을 해서 만든 것 같지 않았고 다양하지 않았으며 진일보하지도 않았다. 예컨대 세상을 비관적으로 볼수록, 다시 말하면 디스토피아적 세계관이 강할수록 훌륭한 작품으로 대우받았다. 긍정적이고 재밌고 흥미로운 작품들은 대중적이라는 이유로 현실을 제대로 그리지 못했으며 상업적이라는 오명을 썼다. 어떻게 보면 세상이 장밋빛 세계라고 생각했던 부잣집 도련님이 세상의 이면, 비극적 현실을 뒤늦게 깨달은 이야기들을 새삼스럽게 강변하는 듯싶었다.

논술시험에서는 학생들은 대중문화에 대해서 부정적으로 기술해야 좋은 평가를 받았다. 대학에 들어가서도 학생들은 각종 대중문화나 미디어 관련 수업에서 대중적인 작품을 상업적이고 복제적이며 다양하지 않고 작품성도 없는 것으로 치부해 좋은 점수를 받았다. 실제 제작 현장에서는 대중성과 멀어지고 오히려 획일적인 사고를 하는 능력 없는 창작자로 남아 고민과 방황의 늪에 전락하는 이들이 있었다. 한국의 대중문화가 해외에서 공감을 얻도록 하기 위해서는 이런 인식을 철저하게 변화시켜야 했다. 이런 고민과 방황을 초월해야 했다. 사실 한류에는 모범생들은 만들 수 없는 대중적 정서와 취향이 진정성 있게 농축되어 있었다.

한류 경쟁력을 강화하려면 확실히 인정해야 할 점이 있다. 바로 한류는 대중문화 현상이라는 것이다. 한류가 주로 드라마에서 시작해 케이팝에 이른 점을 떠올리면 이해할 수 있다. 아직도 한류가 대중문화 현상이 아니라며 부정하는 경향은 "이제 진짜 한류를 보여줘야 할 때"라는 말에 담겨 있다. 그동안의 한류는 한국의 전통이나 고유의 문화예술이 아니라는 것이다. 이런 폐쇄적인 태도는 문화 호혜와 교류 정신에도 어긋나며 한류 경쟁력도 약화시킨다. 한류는 엄연히 팝 컬처popular culture다. 이를 인정하면 한류 경쟁력 강화의 방향성이 도출될 수 있다. 낯설고 이질적이고 새로운 것을 능동적으로 잘 받아들이고 소통, 융합하는 다문화적 정체성이 한류의 중심에 가깝다.

팝 컬처는 수요자(시장)의 원리에 따르므로 이에 맞춰 경쟁력을 갖춰야 한다. 결국 대중의 욕구를 충족시키는 문화 콘텐츠가 각광받는다. 갈수록 스타 파워는 약해진다. 특히 중화권에서도 자신들이 원하는 내용이 없으면 자신이 좋아하는 스타가 출연해도 외면한다. 원래의 장르나 형식만을 고집해서는 곤란하다. 한국형 힙합인 '킵합 K-hiphop'이 인기를 끈 이유가 여기에 있다. 그렇기에 '보편성'에 '특수성'을 결합시키는 노력이 필요하다. 물론 보편과 특수는 지역마다 다르며 끊임없이 변화한다.

이런 맥락에서 그들에게 없는 것을 채우기, 즉 '결핍 충족'을 위해 비교 우위를 구축해야 한다. 싸이가 만약 SM 스타일처럼 진지했다면 글로벌 인기를 끌 수 없었을 것이다. 드라마 〈별에서 온 그대〉나 〈푸른 바다의 전설〉이 중화권에서 인기를 끈 것은 그들에게 없는 초현실적인 세계관과 낭만적 감수성이 있었기 때문이다. 즉 사회주의 국가인 중국에서는 잘 볼 수 없는 콘텐츠들이었기 때문이다. 중국에서는 외계인, 초능력 등 초월적 세계관이 유물론 사관과 맞지 않다고 보아 이와 관련된 콘텐츠를 허용하지 않는다. 그러나 아무리 광전총국(국가광파전영전시총국. 라디오, TV, 영화산업 등을 관리감독하는 중국의 미디어 검열기구)이 이를 통제하려고 해도 대중의 욕구는 막을 수 없다. 이런 점을 잘 분별하여 시장 전략을 구사할 필요가 있다. 또한, 새로운 전략을 테크놀로지 환경과 결합시켜야 한다.

한때 최대 한류 시장이었던 중국에서 한류 금지령, 즉 한한령限韓令이 강화됐다. 겉으로는 사드를 핑계 삼았지만 젊은 층들에게 파괴적인 영향을 미친다는 것이 근본적인 이유다. 다른 순수예술을 받아들일 수도 있지만, 일반 시장이나 기업에서 원하지 않는 아이템은 무용지물이다. 한한령은 시장과 공산당의 괴리를 반영한다. 이를 극복하기 위해선 중국 정부와 시장 간의 간극間隙을 활용하는 전략이 필요하다. 중국에서 한국 연예인이 출연하는 공연, 방송, 광고 등이 금지되었지만 중국 정부는 공식적으로 이에 대해서 인정한 바가 없다. 이런 현상이 일어나는 까닭은 두 가지다. 하나는 위상이 높아진 한류에 대한 길들이기를 하려는 것이고, 다른 하나는 정부가 누리꾼들의 눈치를 살펴 자발적으로 한류와 거리를 두게 하려는 것이다. 다만 시장성 자체는 있기에 사드 같은 것을 구실로 삼았을 뿐이다.

실제로 전지현, 이민호 주연의 〈푸른 바다의 전설〉은 광전총국의 심의를 통과하지 못했지만, 소셜네트워크서비스SNS 웨이보에서 누리꾼들의 폭발적인 반응을 얻었다. 불법 내려받기가 수십만 건 적발되기도 했다. 〈킹덤〉〈D.P.〉〈오징어 게임〉〈고요의 바다〉〈지금 우리 학교는〉

등의 경우도 이러한 패턴이 반복되었다. 중국인들은 한류 콘텐츠를 통해서 중국이라는 국가 자체를 달리 보고 있다. 이러한 점은 중국 권력층들에게는 불안요소로 작용할 것이라는 점을 알고 있기에 더욱 공개적으로 인정할 수가 없다.

중국 누리꾼이나 관련 기업이 매력을 느끼면서 보는 한류 콘텐츠를 정부가 아예 외면할 수는 없을 것이다. 무조건 달려들거나 고개를 숙이기보다는 여유를 갖고 접근할 필요가 있다. 또한, 중국의 대중을 겨냥한 콘텐츠를 지속적으로 제작해 압박을 가하고 이용자들이 접할 수 있는 플랫폼을 만들어야 한다. 다만 현지화 작업에서 생길 수 있는 부작용을 최소화해야 한다.

이런 가운데 저작권에 관한 제도나 시스템의 확립을 통해 수익을 확보할 방안을 모색해야 한다. 또한, 당장에 시장 규모가 크다고 해서 중국에 의존하기보다는 동남아시아나 중앙아시아 등 다양한 지역에 팬을 확보하는 다각도의 전략이 필요하다. 그것은 자본 규모나 브랜드 지명도가 열세인 상황에서 성공을 이뤄낸 BTS의 사례에서 입증된 바가 있다. BTS는 다른 거대 기획사 소속 뮤지션들이 중국에게 당당하지 않은 것과 달리 언제나 소신 있게 움직일 수 있었다.

대중문화는 살아 움직인다. 한류를 일으키는 케이콘텐츠도 역동적으로 살아 움직이는 생명체와 같다. 생명체는 주변환경과 상호 작용을 하며 적응해 나가야 한다. 정체되어 있으면 존립할 수 없다. 환경 변화를 받아들이고 그것을 자기 것으로 체화하면서 변화에 맞게 움직여 나가야 한다. 그렇지 않으면 예술이라면서 폼을 잡다가 스스로 비극 속에 빠져 헤어나지 못하고 만다.

한류는

정부가 만들었다?

2011년쯤이었다. 카이스트 대학원에 재학 중인 친구와 오랜만에 만나 대화를 나눌 기회가 있었다. 새롭게 다니게 된 대학원 이야기가 자연스럽게 화제가 되었다. 그 친구가 다니는 대학원을 내가 추천했었기 때문이다. 그 대학원이 생긴다고 했을 때 친구는 재밌겠다면서 등록금이 비싸다는 것을 알고도 선뜻 지원을 했고, 어려움 없이 철썩 붙어버렸다. 그 친구는 음악공연 기획을 오랫동안 해왔기 때문에 문화예술적인 관점에서 대학원 생활을 이야기했다. 그런데 대뜸 이런 말을 했다.

"요즘 말도 안 되는 이야기들을 하더라."

갑자기 이런 말을 던지니 궁금하지 않을 수 없었다.

"아니, 뭐 어떤 이야기길래 그래?"

"한류를 국가가 만들었다는 거야."

"누가 그런 말을 해?"

"누군 누구야. 해외에서 오신 교수들이지, 그것도 카이스트에서 말이야. 도대체 말이 되냐. 심지어 짐 데이토 교수가 그렇게 국제 학술대회에서 발표했대."

짐 데이토James Allen Dator 교수는 세계적으로 저명한 미래학자로 알려져 있다. 일찍이 한류가 세계적으로 주목받을 것을 예측했다는 학자이다. 그런데 왜 정부의 지원으로 한류 현상이 일어나게 되었다고 생각했을까? 사실 미국에서 온전히 태어나 성장한 이들이 한국의 사정을 정확하게 아는 것은 거의 불가능하다. 누군가 한국의 사정을 알 수 있는 사람이 주변에 있었다면 정보를 줄 수는 있었을 것이다. 짐 데이토 교수의 경우는 제자였던 한국인이 잘못된 정보를 제공한 것이었다. 그 한국인 제자가 한국의 대중음악에 대해서 잘 알고 있었을 가능성은 크지 않다.

이러한 일들은 비일비재하다. 배경과 맥락을 한국인이라는 이유로 다 알 수는 없다. 한류 현상을 다루는 많은 외신들은 그 배경이나 이유를 한국 정부의 지원이라고 언급하기 일쑤이다. 공식적인 한국의 분석 보고서 같은 것을 단순히 인용하기 때문에 이런 일이 반복된다. 그들은 아시아 국가, 특히 한국을 국가주의적인 정책이 성과를 내는 사회적 산업적 특징을 갖고 있는 나라로 간주할지도 모른다. 그래서 인위적인 전략적 개입이 아니고서는 이러한 성과가 나올 수 없다고 판단할 수도 있겠지만, 이건 매우 큰 착각이다.

사실 정부에서는 케이팝 가수들이 뜨고 난 뒤에야 해외투어 행사나 문화원 행사들에 그들을 동원했다. 그것도 헐값의 대우를 하고서 말이다. 그래서 현업에 있는 사람들은 정부를 속된 말로 '빨대를 꽂거나' 숟가락 들고 덤벼드는 존재로 여기기도 한다. 생각하면 쉽게 알 수 있다. 공공조직은 근거를 바탕으로 정책 집행을 하는데 어떻게 케이팝 가수를 갑자기 지원할 수 있겠는가. 외신이라 해도 과연 정확하게 취재하는지 알 수가 없다. 외신 기자들은 누구에게 취재를 해야 할지 모른다고 하소연하기도 한다.

사실 '국가가 지원을 했다.'라는 문장은 중국 사람들이 좋아하는 말이기도 하다. 자연스러운 문화 현상이라고 생각하지 않고 누군가 인위적으로 만들어낸 전략적 산물이라고 생각해야 중국이 국가적으로 반대할 명분이 생기기 때문이다. 다분히 정치적인 분위기는 국내에도 있다. 특히 관계부처를 중심으로 공공기관의 역할과 업적을 강조하기 위해서다. 이러한 이해관계는 결국 중국이 한국의 콘텐츠를 거부하는 논리를 강화시켜주는 셈이 된다.

실제로 한류 현상은 정부가 만들어낸 것이 아니라 시장에서 자연스럽게 만들어진 것이다. 출판이나 대학, 언론에서도 한류 현상을 주목하지 않았다. 그것은 품위도 없고 통속적인 현상에 불과했기 때문이다. 한류에 공헌을 한 이들이 있다면, 기획사나 제작사다. 이들은 온갖 어려움에도 불구하고 기획과 홍보 마케팅을 부지런히 지속했다. 숟가락 얹는 일은 쉽지만 숟가락 만드는 일은 너무 힘들다.

한류는

몇 년 갈까?!

10여 년 전 한 경제 방송에 출연했을 때 일이다. 한류에 대해 이야기하는 자리에 일본을 다녀온 경제 기자와 내가 패널로 참석했다. 사회자는 한류에 대해 으레 나오는 질문을 던졌다. "한류는 몇 년 갈까요?" 이런 질문 다음에는 보통 1~2년, 3~4년, 5~6년, 그리고 10년 이상이라는 보기를 제시한다. 초창기에는 한류에 대해서 우려의 시선이 많았고, 오래가지 못할 것이라는 대답이 많았다. 그래서 대개 1~2년이라고 답하면 너무 박한지, 3~4년이라고 대답하는 경우가 많았는데, 아무리 좋게 봐도 10년 이상이라고 하는 것은 좀 이상했는지 긍정적으로 보는 사람들조차 5~6년이라고 말했다. 그러나 90년대 후반부터 시작한 한류 현상은 25년 이상 흐름을 이어왔고 갈수록 그 흐름은 넓고 거센 문화의 강을 이루고 있다.

그때 이렇게 생각해야 했다. '이런 질문이 과연 제대로 된 질문인가.' 점쟁이도 아니고 어떻게 정확하게 맞힐 수 있겠는가. 이런 질문을 받을 때 처음에는 대개 몇 년이라고 대답하고는 했는데 시간이 지날수록 질문 자체가 아무 의미도 없다는 사실을 깨달았다. 이런 질문이 계속 나오는 심리적 배경은 단순 명확하다. 한류를 일시적인 유행이라는 개념으로 받아들이고 있기 때문이다. '흐를 류流' 자가 들어가서 단순하게 유행이라고 생각하는 것이다. 유행은 언제 그랬냐는 듯이 사라진다. 물론 그럴 수도 있다. 그러나 흐르기만 하는 것이 아니라 축적될 수도 있다.

강물은 흘러서 바다로 흘러간다. 한류라는 강물이 한국의 문화라는 거대한 바다를 이루게 된다. 예전 아날로그 시대에는 그 강물들이 흘러서 어디로 갔는지 알 수가 없었다. 하지만 디지털 시대에는 한국에서 만들어지고 공유된 콘텐츠들이 축적되고 있다. 언제라도 그 작품들을 접할 수 있고 당장 접하기 어려웠던 콘텐츠들을 얼마든지 찾아볼 수 있는 정보의 바다가 형성되고 있다. 이 때문에 갈수록 시너지 효과가 발생하는 것이다.

흔히 인터넷 모바일 시대에는 짧고 빠른 콘텐츠가 인기를 끌 수 있다고 말한다. 쿼터리즘quarterism이나 스낵 컬처snack culture라는 말도 생겨났다. 스낵을 먹듯이 가볍게 먹을 수 있는 콘텐츠를 원한다는 것이다. 그런데 스낵은 간식이라는 개념이 강하다. 간식은 아이스크림처럼 달거나 감자튀김처럼 기름기가 충만할 수도 있다. 그런데 아이스크림이나 감자튀김은 저녁 식사에 메인 요리로 먹지 않는다. 그야말로 잠깐 먹는 주전부리다.

문화 콘텐츠의 소비도 이와 같다. 업무 중이나 학습 중에 길고 심오한 콘텐츠를 볼 수는 없는 노릇이다. 업무 사이에는 가벼운 스트레스 해소용 콘텐츠를 봐야 한다. 재밌거나 유쾌, 통쾌한 내용이어야 한다. 학생들이 수업 사이에 볼 수 있는 콘텐츠도 이와 같다. 학생들은 중독성 있는 노래들의 리스트를 만들어 공유하기도 한다. 한번 들으면 계속 듣게 되는 노래들은 빠져들어 학습에 지장을 주기 때문에 멀리하고자 재미로 만드는 것이다. 싸이의 〈강남 스타일〉이 40억 뷰를 넘는 것은 이러한 중독성 때문이다. 지하철 공간에서 이동 중에 잠깐 잠깐 집중할 수 있는 콘텐츠로는 비교적 분량이 짧은 웹드라마가 적절할 것이다. 웹툰이나 웹소설도 이러한 이용자와 수용자의 환경적 조건에 맞춰서 창작되고 편집된다.

그렇다고 사람들이 항상 경량화된 콘텐츠를 맹목적으로 좋아하는 것은 아니다. 간식 시간이 지나면 정규 식사를 해야 하기 때문이다. 이른바 '정주행'이라는 행위로 콘텐츠를 즐기는 것은 바로 이런 정규 식사에 해당한다. 자신이 좋아하는 콘텐츠는 아예 식음을 전폐하고 보려는 경향을 지니는 법이고, 이를 압축해서 설명하는 것이 정주행이라는 개념이다. '스노우볼 효과snowball effect'도 좋아하는 음식은 집중적으로 먹는 현상과 맞물려 있다. 좋아하는 콘텐츠는 얼마든지 즐길 수 있도록 콘텐츠 플랫폼 환경이 조성되어 있다. 이것은 스낵 컬처와는 전혀 다른 범주다.

한국의 콘텐츠 환경은 이렇게 주식을 즐기며 유영할 수 있는 바다를 이루기 시작했다. 그것이 몇 년 갈지 묻는 것은 적절하지 않다. 우리가 관심을 가져야 하는 것은 한류 콘텐츠의 유행 현상이 아니다. 우리 콘텐츠의 바다가 어떻게 이뤄지고 있는가가 중요하다. 또한, 그 바다가 어떤 바다여야 하는지도 중요하다. 유행이 언제 끝나는지가 아니라 바다를 정말 제대로 만들고 있는지를 질문해야 한다.

뮤직비디오가
공짜인 이유

한 유명 언론사에서 운영하는 전문 강좌 프로 그램에서 강의 요청이 온 적이 있다. 케이팝 뮤직비디오 관련 강의를 해달라는 것이다. 뮤직비디오 강의에 대한 수요조사를 했냐고 했더니 상당히 있는 것으로 파악되었다고 한다. 그렇다면 할 수 있다고 했다. 그쪽에서 일정과 내용이 담긴 메일을 한 통 보내왔다. 일정과 내용이 있었다. 그런데 강의료를 보고 좀 놀랐다. 세 시간 강의에 12만 원이었다. 뮤직비디오를 해석하고 따로 정밀하게 분석하는 것은 물론 이를 영상자료나 PPT 자료로 만드는 것은 상당한 공력과 에너지가 들어가는 작업이다. 그런 점에 대해서 얼마나 생각하고 있는지 의문이었다. 일단 뮤직비디오가 그렇게 간단하게 만들어지지 않았다. 뮤직비디오가 그토록 단순한 콘텐츠라면 강의를 할 이유도 없다.

해외에서 한류 열풍이 불게 된 이유를 물어올 때, 특히 케이팝의 배경 요인을 언급할 때 곧잘 꼽는 것이 뮤직비디오다. 하지만 뮤직비디오의 역할에 대해서 언급을 할 때마다 상대방에게 그렇게 잘 받아들여지지 않는 분위기였다. 1990년대 초반만 해도 뮤직비디오는 사실상 노래방 영상과 다를 바가 없었다. 노래방 영상에는 그냥 아름다운 야외 풍경이 펼쳐지거나 예쁜 인물이 웃음 짓고 있고 반주와 가사 자막이 흘러갈 뿐이다. 댄스 가수들의 뮤직비디오는 야외에서 간단한 춤을 보여주는 정도였다. 그 유명한 90년대 아이돌 음악의 아이콘 서태지도 뮤직비디오는 퍼포먼스를 보여주는 영상물이었다.

하지만 1998년 조성모의 〈투 헤븐To Heaven〉으로 시작된 뮤직비디오의 혁명은 〈아시나요〉로 이어졌다. 스토리를 통해 한 편의 작품을 보는 느낌을 불러일으켰다. 〈아시나요〉는 베트남전 스토리를 적용하는 파격성을 갖추었을 뿐만 아니라 해외에서 촬영되었다는 점에서 뮤직비디오의 규모를 짐작할 수 있게 했다. 남성 아이돌 그룹 GOD도 1999년 〈어머님께〉라는 노래를 하나의 스토리텔링이 살아 있는 뮤직비디오로 제작해 큰 주목을 받았다. 그 뒤 케이팝의 뮤직비디오는 일취월장하게 된다. 거의 아트 퍼포먼스가 연상될 만큼 다양한 상징기호와 설정은 물론이고 미장센을 함축하고 있기 때문에 케이팝 뮤직비디오를 다루는 연구 분과가 필요하다고 할 만하다. BTS의 〈블랙 스완〉 아트 필름 역시 뮤직비디오가 한층 진화된 형태였다.

이렇게 공들여 만든 작품이라면 돈을 받고 판매해야 하는 것이 아닐까 싶다. 하지만 한국의 기획사들은 뮤직비디오를 돈을 받고 판매하지 않는다. 유튜브를 통해서 무료로 공개한다. 저작권이 매우 강조되고 강화되는 시대에 왜 뮤직비디오를 무료로 공개할까. 뮤직비디오는 매혹 그 자체를 의미하고 작동한다. 싼 게 비지떡이라는 우리 옛말도 있지만, 뮤직비디오는 무료로 배포됨에도 불구하고 그냥 싸구려에 머물지 않는다. 뮤직비디오를 통해서 매력을 느껴 팬이 된 사람들이 다시금 노래 전체를 찾아 들을 수 있는 미디어 콘텐츠 환경이 조성되어 있다. 반복해서 뮤직비디오를 듣는 사람들이 다른 노래들을 듣기 위해 탐색을 하고 구매를 할 수 있는 환경이 잘 갖추어졌다. 화려한 뮤직비디오에는 영상 세대가 압도적으로 매력을 느끼는 요인이 있다. 그 요인들이 다른 언어 효과보다 더 강력한 시각적인 효과를 발휘한다.

'케이팝을 좋아하는 이유'를 묻는 설문에 브라질 응답자의 33%가 '멋진 춤'이라고 답했다. 이어 응답자의 24%는 '훌륭한 뮤직비디오'라고 답했다('브라질의 케이팝 수용에 관한 연구', 《이베로아메리카》제17권 1호, 2015년 6월). 그냥 음원이라든지 앨범을 직접 듣는다면 멋진 춤을 알 수가 없다. 대개 케이팝의 특징이 칼 군무라고 하는데 그 칼 군무의 특징을 단번에 보여주는 것이 뮤직비디오다.

팬들이 유튜브 영상을 많은 사회관계망 서비스에 공유하고 확산시키는 가운데 홍보는 자연스럽게 이루어진다. 팬들 스스로 각국의 자막을 달아서 퍼트린다. 이미 그들은 매혹되었기 때문이다. 애써 그들에게 돈을 들일 이유가 없다.

뮤직비디오는 차츰 몇 가지 특징을 갖게 된다. 첫째, 문화 보편성이다. 특히 동서양을 막론하고 융합하는 문화 기호의 향연이 벌어진다. 이를 통해 한국의 스타일을 구축해간다. 둘째, 단순히 퍼포먼스를 보여주는 것을 넘어 새로운 트렌드를 창조한다. 원더걸스가 복고형에 머물던 것과는 차원이 다른 패션을 선보인 것이 블랙핑크다. 시각 효과는 세계관과 정체성을 형성시키는 데 직접적인 효과를 낳는다. 셋째, 아이돌 음악이 단순히 가벼운 음악에만 그치는 것이 아니라 세계관이나 가치관 면에서 깊이와 다양성을 구축하는 것을 보여줬다. 넷째, 커버댄스 문화를 더욱 심화시키고 이를 통해서 케이팝의 댄스 문화를 세계적으로 확산시켰다. 다섯째, 인종과 국가 문화를 뛰어넘어서 공감대를 만들어갔다. 문화 할인율이 적용되는 것을 차단하고 한글로 된 노래에 공감하고 몰입하게 했다. 여섯째, 젊은이들이 또래와 함께 다양한 공간과 설정 속에서 꿈을 대리 실현할 수 있게 했다. 케이팝은 본질적으로 글로벌 세대의 탈주 공간이기도 하다. 이렇게 뮤직비디오를 분석하고 공유하는 강의는 여건이 맞으면 언제든 오케이다. 뮤직비디오는 최고의 전문가들이 엄청난 공을 들여 빚어낸 작품이라는 걸 기억해야 한다.

음악 유통의 변화 속

케이팝

2009년부터 문화 콘텐츠 관련 강의를 하기 시작했다. 당시에는 문화 콘텐츠라는 말도 잘 쓰지 않았다. 지금은 문학을 하던 사람도 영화를 하던 사람도 모두 자신이 문화 콘텐츠 전문가라고 말한다. 많은 대학의 학과들이 문화 콘텐츠 학과라는 이름으로 바꿔 달았다. 당시에는 '콩글리시'라는 비판도 받았다. 심지어 세계에서 어느 나라도 쓰지 않는 말이기 때문에 정체성도 의심받고 때로는 조롱의 대상이 되기도 했다. 지금은 전문가들이 상당히 많다지만 그들이 모두 문화 콘텐츠의 뜻을 알고나 있는지 궁금하다. 일단 콘텐츠contents는 게임업계에서 많이 쓰였다. 디지털 게임이 90년대 중후반 유행을 하게 되면서 사용되었고, 2000년대에 완전히 자리잡은 게임 콘텐츠를 응용하여 문화 콘텐츠가 탄생했다. 콘텐츠는 그냥 내용물이라는 뜻이다. 문화는 한 사회나 집단의 구성원들이 바람직하게 여기 실현하려는 실천 행위를 포괄하기 때문에 무색, 무취의 단어인 콘텐츠라는 단어의 앞에 오는 것이 맞다. 문화 콘텐츠는 새로운 한류가 2.0, 3.0 단계를 거치면서 확산할 때 주로 디지털 콘텐츠 형태로 진전되었다.

그런데 문화 콘텐츠 강의는, 짐작은 했지만, 행정학이나 정책학 강의와는 차원이 달랐다. 다른 강의도 대부분 그렇지만 행정학이나 정책학은 교과서가 있고, 그 교과서 내용을 강의 시간에 다루면 된다. 이미지를 다루는 경우도 거의 없고, 텍스트 중심으로 다루게 된다. 주로 이론 중심의 강의가 된다. 학부 강의는 말할 것도 없고 대학원 강의는 논문 요약과 토론 위주이기 때문에 더욱 다른 내용이나 형식을 기대하기 어렵다. 이른바 수십 년 된 강의 노트로 수업을 해도 크게 달라질 수 없는 과목이 있다. 물론 이 때문에 대학가에서는 문제가 되기도 한다. 물론 강의를 하는 사람의 입장에서는 할 말이 있을 수 있다. 근본적인 원리나 이론을 가르치는 것이기 때문에 크게 달라질 것이 없다.

한편 문화 콘텐츠 강의에서는 사진도 너무 일반적으로 보일 수 있다. 동영상 자료를 사용하지 않는다면 강의 내용을 공감하거나 이해하기가 어렵다. 더구나 수많은 사례들이 하루도 많이 세상에 쏟아져 나온다. 강의 자료에 그것을 담아내기 위해 동영상 자료를 준비하는 데만 꽤 많은 시간과 품이 든다. 이러한 점을 일정 정도 해결해준 것이 바로 유튜브다. 초기부터 유튜브는 국내의 다음이나 네이버, 그리고 구글과는 완전히 차원이 달랐다. 유튜브는 처음부터 동영상 콘텐츠를 위한 플랫폼이기 때문이다.

유튜브도 예전에는 학생들에게 생소했다. 게다가 동영상을 계속 구동할 수 있는 인터넷 환경이 갖춰진 건물과 공간이 많지도 않았다. 지금은 어느 연령이든 자유자재로 핸드폰을 통해 영상 시청을 얼마든지 할 수 있지만 말이다. 강의에 필요한 영상들이 유튜브에 올라와 있는 경우가 많았기 때문에 불편한 점이 있을 때에도 이를 활용해서 강의를 진행했다. 한류 현상을 일으키는 관련 동영상을 유튜브에서 확인할 수 있었기 때문에 이를 다운로드하거나 라이브 스트리밍을 하기도 했다.

사실 이전만 해도 한류가 유튜브로 세계적으로 확산될 것이라고는 아무도 생각하지 않았다. 2010년대 들어서면서 유튜브도 새로운 전성기를 맞이하게 된다. 바로 스마트폰이 세계적으로 활성화되면서 젊은 세대들은 영상을 검색했으며, 그 영상으로 정보를 탐색하고 수집하고 활용했다. 그러한 흐름을 보지 못하고 20세기 방식으로 접근한 것이 박진영이 이끌던 JYP엔터테인먼트다.

2008년 2월 프로듀서 겸 가수 박진영의 JYP 사단은 미국 투어에 나섰다. 박진영, 원더걸스, 임정희, 민, 지-소울 등은 뉴욕 매디슨 스퀘어 가든 와무 시어터Wamu Theater at Madison Square Garden, LA 윌턴 시어터Wiltern Theater 등에서 '더 JYP 투어'를 열었다. 2009년 원더걸스는 미국 인기 보이밴드 '조나스 브라더스'의 전미 투어 콘서트에 오프닝 게스트로 나섰다. 원더걸스는 조나스 브라더스가 두 달 동안 북미 지역에서 총 51회나 공연할 때 오프닝 밴드로 서려는 계획을 세웠다. 박진영은 거리로 나가 원더걸스 홍보 전단을 돌리는 모습도 보여주었다. 원더걸스는 조나스 브라더스 공연 뒤에 나가는 관객을 붙잡고 사진을 찍자며 먼저 제안했다.

투어 중에는 버스 안에 있는 침대가 부족했고 소파에서

자야 하기도 했다. 음식은 라면과 햇반, 참치 캔이 중심이었다. 앞서 가수 비가 그런 방식으로 미국을 돌았지만, 효과가 없어진 지 오래였다. 박진영은 걸그룹에 자신이 있었고 이른바 복고풍 콘셉트로 미국 시장을 하나하나 발품을 팔아서 두드리고 있었다. 미국은 각 라디오 방송국들이 음악을 좌지우지하고 있다는 사실을 박진영은 잘 알고 있었기 때문에, 지역 라디오 방송국마다 앨범을 돌리는 작업도 했다. 이는 한국에서 각 방송사에 다니면서 음반을 돌리던 방식과 같았다.

원더걸스 멤버들과 라면을 먹는 모습을 자신의 트위터에 공개한 박진영은 "내가 미국 투어에서 먹은 라면은 평생 먹은 것보다 더 많다"라고 했다. 눈물겨운 분투기였다. 2010년 5월 각각 뉴욕 맨해튼 로즈랜드 볼룸과 LA 월턴 시어터에서 '2010 The JYP Tour with 2AM' 공연까지 했지만, 한류 바람을 일으키지는 못했다. 연이은 미국 활동을 통해서 박진영은 재정적으로 큰 타격을 입었다. 3대 기획사의 위치까지도 흔들리게 되었다. 박진영의 방식은 시장에서 익숙한 듯싶었지만, 결실로 이어지지는 못했다. 유통 구조가 열세인 우리 처지에서 그런 방식은 효율적이지 않았다. 더구나 디지털을 기반으로 음악의 유통 구조가 근본적으로 바뀌고 있었는데 이를 읽지 못했다.

변화를 가장 결정적으로 보여준 것이 2012년 싸이의 〈강남 스타일〉뮤직비디오 한 편이었다. 그 한 편은 모든 변화의 흐름을 그대로 보여주고 있었다. 〈강남 스타일〉이 해외에서 알려진 것은 바로 유튜브 플랫폼이다. 직접 미국 투어 공연이나 라디오 방송국 방문 없이 〈강남 스타일〉은 빌보드 핫 100 차트에서 7주 연속으로 2위를 차지했다. 원 더걸스는 2009년부터 미국에서 데뷔 싱글 〈Nobody〉를 발매하며 미국 진출을 선언했지만, 빌보드 핫 100 차트 76 위를 차지했을 뿐이다.

케이팝 댄서의 가치

재인식

2005년경, 어느 날 학과 교수님께서 이해하지 못할 일에 대해 말씀하셨다. 그 이해 못 할 일이란 청소년들이 장래 희망으로 '백댄서'를 꼽았다는 뉴스였다. 댄스 가수면 댄스 가수지 하필 가수 뒤에서 춤을 추는 댄서를 꿈꾸는지 이해되지 않는다고 했다. 나는 앞에서 있건 뒤에서 있건 자신이 좋아하는 일을 하면 되는 것이 아닐까 생각했다. 더구나 백댄서라고 해서 반드시 뒤에서만 있으리라는 법은 없다. 서태지와 아이들의 이주노와 양현석은 경영자로 나섰다. 이주노는 5인조 혼성 댄스그룹 영턱스클럽을 만드는 등 음반 제작자로 활약한 바가 있고, 양현석이 YG엔터테인먼트로 세계적인 그룹들을 많이 만들어냈음은 주지의 사실이다. 백댄서 아이돌 가수도 빼놓을 수 없다. 바로 클론이다.

1996년 〈꿍따리 샤바라〉로 데뷔한 클론의 멤버 강원래와 구준엽은 백댄서 출신이다. 박남정, 현진영, 박미경 등의 백댄서팀으로 활약했던 그들은 백댄서에만 머물지 않았다. 1997년 대만에 진출했고 한류 현상을 만들어냈다. 대개 대만에서는 가냘프고 여성적인 남성이 여성들에게 주목을 받았는데, 클론 때문에 근육질의 남성미를 자극하는 파워풀한 남성을 이상형으로 꼽는 여성들이 많아졌다고 한다. 나아가 클론은 1998년 6월 대륙에서 정식 앨범을 내고, 그후 1999년에는 북경 공인 체육관에서 단독 공연을 하기에 이른다. 강원래는 《THE DANCE: 한국댄스 뮤직 100년사》를 발간했는데, 매체 인터뷰를 한 내용을 보니 책을 쓰게 된 계기가 어이없고도 공감이 갔다.

"한 자료에서 스트리트댄스의 역사가 2000년대에 시작됐다고 해놨더라는 말을 듣고 2000년에 스트리트댄스가 시작됐다면 7080년 선배들은 무엇이며 1990년대에 활동했던 우리는 뭐가 되나 싶은 생각에 화가 나서 책을 쓰게 됐다."

그가 이렇게 언급할 만큼 당시에는 댄스에 주목하지 않았고 관심도 없던 것이다.

교수님이 백댄서에 대해 언급할 때만 해도 청소년들이 왜 백댄서가 되려는지 잘 알지 못했는데 그로부터 5~6년이 지나서야 그 이유를 알게 되었다. 어느 날 한 친척 분이 나를 찾아오셨다. 나를 보자고 한 것은 다름 아니라 딸아이의 진학 문제 때문이었다. 딸아이가 고3인데 대학 진학은 하지 않겠다고 하면서 자꾸 댄서를 양성하는 학원에 다닌다고 했다. 사실 청소년 시기에 대중음악에 심취하지 않는 사람이 드물고, 또한 한 번쯤 그 분야에서 활동해보고 싶다는 생각을 하지 않는 사람도 드물 것이다. 내가 해줄 수 있는 말은 비교적 명확했다.

"공부하기 싫어서 댄스 학원을 선택하는 것은 동의하기 어렵죠. 공부하면서 그 분야에 진출해보는 것이 맞습니다. 반드시 성공한다는 보장이 없는 분야잖아요."

늘 화려해 보이는 것의 이면이 청소년기에는 잘 보이지 않는다. 잘 보이지 않아서 매혹당하기도 한다. 다 아는 것에 대해서는 궁금증도 사라질 것이다. 그런데 당시 내가 들은 의외의 대답이 아직도 뇌리에 남아 있다. 나에게는 아저

씨뻘이 되는 친척 분은 아이가 학원에 다니는 것이 연예인이 되기 위해서가 아니라 학원에서 트레이너로 활동할 것을 생각해서라고 했다. 노래 부르는 법을 가르치는 보컬 트레이너가 있듯이 춤을 가르치는 댄스 트레이너가 있다. 반드시 유명 스타가 되기 위해서가 아니라 이런 전문 직종을 생각해서 학원에 가서 배우겠다는 말이었다. 나름대로 장래에 대한 고민을 하는 것으로 보였다.

이런 댄스 트레이너들의 존재감을 확실하게 드러내준 것이 2021년 '스우파' 열풍이다. 스우파는 엠넷의 인기 프로그램 〈스트리트 우먼 파이터〉의 약어로 여성 댄서들이 상대방과 춤 대결을 벌이는 서바이벌 예능이다. 이 프로그램은 20·30대뿐만 아니라 40대에게도 '케이 댄스 신드롬'을 일으켰다. 그런데 아쉽게도 춤을 어떻게 추는 것인지에 대한 설명이나 해설이 없었다. 그냥 화려한 춤사위로 시각적인 자극을 통해 온몸을 전율하게 만든 이들이 우선순위를 차지하는 내용이 중심이었다.

강원래는 《THE DANCE: 한국댄스뮤직 100년사》에서 "알고 보니 2000년대에 댄스학과가 생겨나고 팝핀 등이 막 생겨나서 2000년대부터 댄스 역사가 시작되었다고 정의를 한 것"이었다며 "댄스를 좋아하는 학생들에게 지침이 될 수 있는 댄스 교과서를 만들어보면 어떨까 싶어 책을 쓰게 되었다."라고 했다. 결국 세계적인 한류 열풍이 분 지 꽤 되었을 때까지도 댄스 교과서 하나 제대로 없었다는 말이다. 이 말은 앞으로도 할 일이 많다는 것을 뜻하며 학원이나 학교에 진학하는 학생들이 어떤 마음 자세와 태도를 보이고 임해야 하는지 거꾸로 짐작하게 한다. 결국은 교육기관과 현장이 케이콘텐츠의 지속성과 한류화를 만들어내는 것이다.

밈 효과와

케이콘텐츠

밈meme은 문화 콘텐츠가 어떻게 확산하고 있는지 모바일 문화 관점에서 생각해볼 여지가 있는 개념이다. 다소 남용되고 있기도 한 밈이라는 말은 케이팝의 확산과 관련해서도 중요한 함의가 있다. 밈은 본래 리처드 도킨스의 《이기적 유전자The Selfish Gene》에 나오는 말이다. 사실 이 책에서 리처드 도킨스는 문화적 유전자에 대해서 그렇게 많이 언급하지 않았다. 문화적 유전자에 대해서는 나중에 그의 제자인 수전 블랙모어Susan Blackmore가 단행본을 출간하면서 세간에 더 알려졌다. 이 개념은 생물

체에 유전자가 있듯이 문화에도 유전자가 있다는 것을 뜻한다.

유전자는 복제 재생산되지만 사실 진화를 한다. 특히 후생학적 유전을 통해서 조금씩 달라진다. 문화 유전자 밈도 같은 현상을 보인다. 문화 유전자는 시간이 흐르고 세대가 흐를수록 전승이 되지만 달라진다. 서구의 클래식 음악이 후대로 갈수록 달라지고 변주되는 것을 예로 들 수 있다. 한국의 민화가 점차 다른 형태로 바뀌고 화려해지는 것도 이에 해당한다.

문화 유전자는 수평적 관계에서 특히 이름 모를 사람들이 참여하면서 이어진다. 그 과정에서 단순히 똑같이 그냥 있는 것이 아니라 변형을 하거나 변화를 넘어서서 진보를 이루기도 한다. 영상이나 콘텐츠는 다수의 참여를 거치면서 파생하고 스핀오프 콘텐츠를 낳게 된다. 특히 이런 밈 현상이 더욱 확대된 것은 스마트 모바일 문화가 더 진전되면서부터다. 이제 기업들이나 정치권에서조차 이런 마케팅 효과를 겨냥하고 있다.

한국 홍보 영상이 대박을 터트린 적이 있었다. '필 더 리듬 오브 코리아Feel The Rhythm of Korea'가 그 사례이다. 오히려 〈범 내려온다〉 영상이라고 말하면 훨씬 더 이해하기 쉬울 만큼 밴드 이날치가 출연한 영상은 화제가 많이 되었다. 국내보다는 해외에서 인기가 있다는 이유로 잘 몰랐던 사람들도 뒤늦게 알게 되었다. 시즌 1의 경우 6편인데 조회 수 3억 회를 넘을 때에도 화제가 되었다. 한국의 홍보 영상을 이렇게 많이 본 것은 전무후무한 일로 보였다. 이 영상에서는 밴드 이날치가 여러 지역의 명소에서 퍼포먼스를 선보인다. 이 때문에 이날치는 각종 매체에 등장했고 방송 출연도 많이 하면서 조선의 아이돌이라는 평가를 받았다. 이에 시즌 2는 8편이나 만들어졌다.

그런데 2021년 10월 국정 감사장에서는 이 홍보 영상에 대한 비판이 쏟아졌다. 그 비판에 대해선 일각에서 반박이 이어지기도 했다. 국정 감사에서는 14편의 영상을 만드는 데 22억이 들었는데 홍보비는 101억 원이 쓰였다는 점에 대해 비판했다. 시즌 2의 경우, 2021년 9월 10일 기준으로 조회 수가 39만 회였는데, 57억 원의 홍보비를 쓰니 2억 8만 회로 늘어났다.

문제는 이것이 자체 영상을 본 것인지 광고를 본 것인지 구분이 안 된다는 지적이었다. 그렇지만 한국관광공사나 광고업계에서는 이러한 광고 비용 지출은 당연하다고 언급했다. 이 정도 광고비는 비싼 것이 아니며 해외 광고

비는 5~10배 정도에 이르는 것이 통상적이고, 광고 효과가 잘 나온 사례라는 것이다.

그런데 이 홍보 영상은 밈의 현상으로 분석되기도 했다. 자연 발생적으로 사람들이 관심을 가졌고 특히 해외에서도 자연스럽게 우리 음악 퍼포먼스, 특히 퓨전 국악이 먹혀든 것으로 보이도록 언론매체를 통해 담론이 형성되기도 했다.

만약 광고비가 100억 원이 들었다는 사실이 먼저 알려졌다고 하면 이런 밈 이론은 적용되지 않았을 것이다. 물론 케이콘텐츠에 대한 홍보 비용은 들게 마련이다. 그런데 홍보비를 지불하지 않고 자연스럽게 알려지는 것이야말로 밈 효과의 원래 의미라는 점을 생각하지 않을 수는 없다. 또한 같은 홍보비를 쓴다고 해도 어떤 것은 주목을 받고 어느 것은 주목을 받지 못한다.

모두 다 같이 SNS를 통해 홍보하지만, 케이팝 그룹이 모두 다 주목을 받거나 열성 팬을 형성하는 것은 아니다. 홍보의 본질은 여기에 있을 것이다. 띄워주는 역할을 하는 것이 홍보 마케팅이지만 스스로 떠서 날아가기 위해서는 콘텐츠 자체의 동력이 있어야 한다. 무엇보다 콘텐츠의 바다에서 스스로 유영을 할 수 있는 조건은 갖추고 있어야 한다. 수많은 케이팝 영상 콘텐츠를 보라. 누군가 홍보비를 주지 않아도 팬들이 자발적으로 영상을 재편집하고 자막을 달고 심지어 자신들이 주인공으로 등장해서 끊임없이 파생 콘텐츠를 만들어낸다. 또한 팬들이 자연스럽게 참여와 재창조를 실현해내고 있다. 기획사나 케이팝 그룹이 자신들의 의도대로 통제하려고 했다면 절대 이뤄질 수 없었을 일이다.

케이콘텐츠,

왜 사회적 메시지가 중심일까?

넷플릭스를 통해 한국 콘텐츠가 주목을 받으면
서 생긴 긍정적인 현상은 드라마에 관한 관심이 커졌다는
것이다. 드라마는 영화보다 접근하기 힘든 면이 있다. 영
화는 한 편을 보면 되지만 드라마는 절대적인 분량이 매우
많다. 물론 넷플릭스 시리즈물 중에는 편수가 짧은 것들도
많지만 그 또한 일반 영화의 서너 배 분량은 된다. 그래서
밤샘으로 정주행하며 보는 이들도 적지 않다.

또한 한국 드라마의 특징을 주목하는 경향도 커졌다.
바로 한국 드라마에 내재되어 있는 사회적 주제의식, 사회

적 메시지에 관심을 갖는 것이다.

2022년 1월 첫 넷플릭스 시리즈로 공개된 〈지금 우리 학교는〉은 12부작이다. 다른 넷플릭스 한국 오리지널 콘텐츠보다 30% 이상 긴 분량이다. 그런데 이 작품은 공개된 이후 하루 만에 전 세계 1위에 올랐다. 많은 보도 매체에서 그 이유에 대해서 궁금해했다. 그래서 마침 연휴 기간이었기 때문에 설을 보내기 바쁜 와중에도 연이어 기자들로부터 인터뷰 요청 전화를 받고 있었는데, 그중에서 《한국일보》 기자가 다음과 같이 말했다.

"기사를 보니 평론가님이 〈지금 우리 학교는〉을 보신 것 같아서요. 영국 《가디언》이 한국의 좀비 쇼가 세계를 놀라게 할 것이라고 했더라고요. 사실 알고 보면 좀비 콘텐츠에선 우리가 후발주자잖아요. 그런데 어느 순간 '한국형 좀비'란 장르가 생긴 것 같아요. 아파트(〈살아 있다〉), 학교(〈지금 우리 학교는〉)란 공동체적 공간이 주 배경이기도 하고, 좀비가 사회적 모순에서 태어난 것이란 비판 의식이 좀 강하게 느껴집니다. 〈지금 우리 학교는〉은 물론이고, 〈킹덤〉도 그렇죠. 미국 좀비 작품은 영원한 로맨스(〈웜바디스〉)나 개인의 추함(〈워킹데드〉) 같은 개인의 문제에 더 집중합니다. 한국 좀비물에서는 개인보다 사회의 문제에 집중하고 그 디스토피아의 원인을 사회에서 찾는 이유가 뭘까요?"

디스토피아의 이유를 사회에서 찾고 있다는 것은 사회적 주제의식을 말한다. 어떤 문제점의 원인을 찾는 현상을 연구하는 분야를 '귀인 이론attribution theory'이라고 한다. 원인이 내부 개인에게 있는지 외부 사회에 있는지 연구하는 것이 대표적이다. 나는 이렇게 대답을 했다.

"〈지금 우리 학교는〉에도 개인주의가 많이 들어가 있습니다. 로맨스 문제에 초점을 맞추면서도 말씀하신 사회적 비판 의식을 많이 보여주기도 합니다. 사회적 비판 의식이 많은 것은 사회, 나아가 국가를 바라보는 시선이 많이 다르기 때문일 것입니다. 아무래도 우리나라는 민본주의가 민주주의 시스템으로 이어지고 있기에 국가 권력이나 제도가 좀 더 민의를 반영해주기를 바라는데 그렇지 않은 현실이 있기 때문입니다. 민주 공화정의 원리와 실제 작동은 같지 않기 때문이겠죠. 더구나 경제 성장, 개인보다는 사회 국가의 원리를 강조하는 논리들이 결국 개인은 물론 사회나 국가도 지켜내지 못한다는 점을 드러내려 합니다. 그 사이에 케이콘텐츠의 영토가 있겠죠. 개인주의와 사회 공동체주의를 아우르는 영토죠."

이렇게 말하고 보니 현실의 상황만을 이야기한 것 같아서 보충 설명을 했다.

"그런 면이 해외에서도 어필할 수 있을 것입니다. 무엇보다 장르물에서는 그 장르물 자체의 흥미와 오락성에 초점을 맞추는데 케이콘텐츠 창작 집단은 사회적 메시지를 전달하기 위해 각 장르를 선택하고 있네요. 사회적 비판적 메시지를 다룰 때 후발주자들은 전문 언론과 평자들의 높은 평가뿐만 아니라 브랜드 효과도 얻을 수 있습니다."

그러자 기자가 되물었다.

"경제 성장, 개인보다는 사회 국가의 원리를 강조하는 논리들이 결국 개인은 물론 사회나 국가도 유지시켜내지 못한다는 점을 드러내려 한다고 말씀을 하셨는데 이 지점은 〈지금 우리 학교는〉의 어떤 대목에서 찾을 수 있을까요?"

어느 한 대목이나 장면이 아니라 영화의 서사 전체가 그러했다.

"학교 명예를 위해 학교 왕따 문제를 무마하죠. 학부모 개인은 자기 아들을 지키기 위해 어떤 물질을 만들어 주입하죠. 아들이 스스로 강해져서 자신을 괴롭히는 다른 학생들을 물리쳐주기를 바랍니다. 하지만 결국 아들은 물론 엄마도 좀비가 됩니다. 좀비가 전국을 강타하려는 찰나에 계엄령이 선포되고 결국 한 도시 인구 40%가 멸절되는데 계엄 사령관은 폭탄을 터뜨린 죄책감으로 스스로 목숨을 버리고 국회의원도 권력을 잃죠. 학교장은 학생에게 목숨을 잃고요. 트라우마를 당한 개인들은 사적 복수를 감행하거나 사회의 룰을 어깁니다. 결국, 시스템이 붕괴하죠."

개인과 사회 구조의 인과 관계에 대해서 언급하고 싶은 말이었다.

"그러네요. 개인주의가 많이 들어가 있다고 보셨는데, 이것도 어떤 대목을 말씀하시는지, 부연 좀 부탁드립니다."

"개인들의 로맨스가 사실 이 드라마의 주축입니다. 학생들이 중심이고요. 그들에게는 입시 문제 풀이 중심의 성적보다는 좋아하는 사람에게 고백하는 문제가 크고 좀비가 창궐하는 상황에서 생존보다 좋아하는 친구를 보호하는 일이 우선입니다. 소방 구조대원, 그것도 팀장이 자기 딸을 지키기 위해 격리 수용소를 이탈하여 딸의 고등학교로 들어가는 것은 개인주의의 사례죠. 물론 겉으로는 가족주의지만요. 사회 공동체주의 관점에서는 개인주의죠. 이렇게 가족을 위해 법이나 제도를 어기는 일이 합리화되거나 미화되는 것은 개인주의와 사회 공동체주의의 절충이죠."

내 대답을 듣고 그가 흥미롭다는 듯 맞장구쳤다.

"한국이라 가능한 스토리텔링이 아닐까 했어요."

나는 말했다.

"맞습니다. 그래서 한국이 세계적으로 중요한 역할을 할 것입니다. 어떤 장르나 소재라 하더라도 이런 것을 진정성 있게 만들 수 있는 나라가 많지 않은데요. 다만 사회적 메시지가 우선이 아니라 대중성이 우선이어야 한다는 점을 잊지 말아야겠지요."

물론 사회의식을 먼저 부각할 수 있다. 문화를 통해 세상을 바꾸고 싶은 의지가 강하다면 사회의 모순을 전면에 내세울 것이다. 그런데 문화 콘텐츠는 자연스럽게 몰입하게 하는 것이 중요하다. 대중성이라는 측면에서 한국의 문화 콘텐츠가 세계적으로 주목받은 것은 잘 만든 대중문화 콘텐츠이기 때문이다.

케이팝의 서포트 문화

왜 변화했을까?

　　"팬덤 문화가 많이 바뀌었죠. 어떻게 바뀌었을
까요?"

　　언론사에서 많이 받는 질문 가운데 하나다. 팬덤 문화
는 물론 바뀌었다. 그것도 이미 상당히 오래전에 바뀌었
다. 변하지 않는 것은 없지만 가장 역동적으로 변하는 것
이 팬 문화다. 이른바 팬덤 문화를 가장 비판적으로 다룰
때 언급되는 것은 조공朝貢 문화였다.

　　예로부터 조공은 좋지 않은 의미를 담고 있다. 속국
이 본국에 일정한 물품이나 사람까지 바치는 행태를 조공

문화라고 했던 데서 이런 좋지 않은 분위기가 형성되어왔다. 팬덤 문화에서 조공은 몇 가지 유형으로 나뉜다. 하나는 물품 조공이다. 이는 합숙 생활을 하는 데 필요한 가전제품은 물론이고 자동차를 선물하는 경우가 포함된다. 명품을 선물하는 것은 이의 또 다른 '스핀오프spin-off' 버전이라고 할 수 있다. 다른 하나는 도시락 조공이다. 이는 촬영 현장에 밥차나 커피 트럭을 마련해서 주는 경우를 포함한다. 광고 조공도 있다. 지하철이나 다운타운에 생일맞이 광고를 하는 경우가 그 예다.

특히 광고료가 가장 비싸다는 뉴욕 타임스퀘어 광고가 빈번하게 언급된다. 이런 것이 문제를 일으키기도 했다. 특히 2008년부터 스마트 모바일 환경이 되면서 팬들 간의 세 대결이 이뤄지기도 했다. 자신이 좋아하는 스타라면 더 좋은 물건을 사용해야 하고 더 좋은 곳 비싼 곳에 광고를 낼 수 있어야 한다는 생각을 한다. 특히 뉴욕 타임스퀘어에 광고가 나온다면 이는 많은 언론에서 다뤄줄 수 있을 것이라고 생각한다. 더구나 그 광고가 한 나라나 특정 지역의 팬들만이 아니라 세계 여러 나라에서 팬들이 십시일반으로 모아 광고를 할 수 있다면 전 세계적인 대표성을 가질 수 있게 된다.

스타는 여기에 대해 응답을 해줘야 하는데 모바일 문화에서는 더욱 이것이 쉬워지고 즉시 효과가 나타나게 되었다. 밥차를 받으면 그 즉시 인증사진을 찍으면 된다. 광고판 앞에서 인증사진을 찍어 SNS에 올리는 것도 가능하다. 그렇게 하면 팬들은 더욱 만족감을 느끼게 된다. 좀 더 능동적인 행위를 하기도 한다. 자신들의 공연을 보러온 팬들에게 도시락을 선물하기도 하고 광고를 통해서 팬들의 성원에 감사 인사를 하기도 한다. 또한, 많은 언론 인터뷰나 영상 콘텐츠를 통해서 감사의 인사는 물론이고 덕담을 건넨다. 심지어 팬들을 위해서 노래나 퍼포먼스를 선보이기도 한다.

부작용도 지적되었다. 조공을 하기 위해서 따로 부업을 하는 이들을 가리켜 조공 아르바이트생이라고 하기도 한다. 또한, 계모임을 드는 것처럼 조공을 위해 계를 만드는 이른바 조공계도 등장한다. 밥차나 커피트럭을 팬들에게 요구하는 경우도 논란을 일으켰다.

사실 이러한 서포트 문화는 20세기 흔적이라고 할 수 있다. 20세기 서포트 문화는 자신의 우월성을 드러내는 태도에 불과했다. 단지 스타에게 선물이나 물품을 전달하는 것은 그 개인에게만 도움이 될 수 있을 뿐이다. '개념돌'이라는 말은 어느새 매우 중요한 개념으로 자리를 잡았다. 소셜테이너라는 말도 바뀌는 팬덤 문화에서 중요한 개념이 되었다. 우리의 팬덤 문화가 세계적으로 확산하는 것은 이렇게 20세기 팬 문화를 벗어난 점이 도드라지기 때문이다.

이제 스타의 이름으로 사회적 활동을 하는 것이 스타의 브랜드 가치를 높이는 시대가 되었다. 스타의 이름으로 아픈 아이들을 돕기 위한 기부활동을 하거나 아프리카에서 우물을 파고 교육 시설이 변변치 않은 곳에 학교를 만들기도 한다. 홍수나 지진 때문에 이재민이 발생한 곳에서는 그들을 돕기 위해서 케이팝 팬들이 나서서 모금하고 물품을 지원하기도 한다. 미국에서처럼 인종차별 사태에 대해서는 적극적인 목소리를 내기도 한다. 미얀마나 홍콩처럼 민주화 요구가 있는 곳에서도 팬덤은 적극적인 참여를 독려하거나 이끈다. 팬과 스타가 따로 하기도 하지만 같이 움직이기도 한다.

이렇게 하면 팬클럽에 대한 인식이 달라진다. 당연히 그 팬클럽의 중심에 있는 스타의 이미지와 위상도 많이 달라질 수밖에 없다. 단순히 특정 세대만 좋아하는 아이돌에 불과한 것이 아니라 전 지구적인 문제에 관심을 두고 그 문제를 해결하기 위해 적극적으로 활동하는 개념 있는 아티스트로 자리매김하게 된다. 이러한 활동을 하는 것은 단순히 물품 조공을 하는 것과 다르다. 부모나 학교도 비교적 긍정적인 반응을 보인다. 단순히 건전한 팬 활동에 그치는 것이 아니라 좀 더 나은 세상을 만들기 위해서 미래 대안적인 활동을 적극적으로 해나가고 있는 셈이기 때문이다. 이런 활동은 케이팝 이미지만이 아니라 한국 자체의 브랜드 가치에도 긍정적인 영향을 미칠 수 있다.

좋아하는 스타를 위해서 용돈만이 아니라 노동 임금까지도 매몰시켰던 수준에 머무는 것이 아니라 세상의 모순과 문제를 해결하는 데 참여하는 의식 있는 글로벌 시티즌으로 거듭나게 해주는 것이 바로 케이 팬덤 문화라고 할 수 있다.

케이팝과

수평적 참여주의

"제발 '빠'라는 말을 쓰지 않았으면 좋겠습니다."

곧잘 기회가 있을 때마다 하는 말이다. 당부이고 권고라고 해도 좋다. 케이팝에 썼던 단어가 다른 분야로 확장된 경우가 꽤 있는데 그 하나가 '빠'라는 말이다. 어느새 정치권까지 진출해서 '노빠' '문빠'라는 말까지 생겼을 정도였다. '빠'라는 말을 쓰지 말자고 하면 특정 정치인이나 진영을 지지하기 때문이라고 오해할 수 있는데 그렇지 않다. '빠'라는 말 자체가 혐오적이고 차별적인 말이기 때문이다. '빠'는 팬덤 문화 차원에서 팬들을 비하하는 단어에서 출발했다.

특히 대중음악 팬덤이 폭발하던 1990년대 초중반 공연장은 물론이고 스타들의 집 앞에 진을 치고 있는 여학생들의 모습을 보고 '빠순이'라는 단어를 쓰기 시작하면서 언론을 통해 확대 재생산되었다. 나이트클럽에서 항상 사는 듯한 여성을 보고 '죽순이'라고 한 맥락과 같다. 여성혐오적이고 차별적인 단어가 빠순이다. 단지 열성으로 지지하는 팬을 빠라는 단어로 표현하는 것은 바람직하지 않다. 극성 팬이라는 말로 대체할 수도 있을 것이다.

혐오적이고 차별적인 표현들이 횡행한 것은 케이팝은 물론이고 아이돌 음악 자체에 대한 편견에서 시작한다. 아이돌을 만들어진 상품이라고 비판했던 시절이 있었다. 그 시절에는 만들어진 상품을 좋아한다는 아이돌 팬들도 마찬가지로 낮게 평가받았다. 이러한 상황에서 팬들은 단지 기획사가 만들어놓은 일정에 따라서 움직이는 수동적인 객체에 불과했다. 예컨대 콘서트 일정을 기획사에서 짜놓으면 그에 맞춰 관람하고 응원하는 정도였다. 하지만 이제는 콘서트도 수동적으로 따라만 가지 않는 팬덤 문화가 형성된 지 오래다.

2019년 7월 엑소EXO의 공식 팬클럽 사이트에 일본 공연 일정이 게시되었다. 그런데 12월 공연 일정에 대해서 팬들이 분노의 목소리를 터트렸다. 무엇보다 공연 장소가 몇 가지 문제를 지니고 있었기 때문이다. 후쿠시마 원전 사고 현장에서 불과 130km밖에 떨어져 있지 않았을 뿐 아니라 미야기현은 후쿠시마현에 이어 두 번째로 높은 방사선 피폭 수치를 기록하고 있다는 점도 문제였다. 한국은 이 지역에서 생산된 수산물도 수입 금지를 하고 있었다.

팬들은 트위터를 통해 'SM 엑소 미야기콘 취소하라'라는 해시태그를 게재하고 콘서트 반대 캠페인을 벌였다. 팬슈머fansumer의 차원에서도 엑소 팬들의 지적은 정당했다. 엑소가 미야기현에서 공연하는 것을 반대하는 것은 방사능의 위험성을 염려하는 '팬심'의 발로였다. 위험을 무조건 감수하고 과거처럼 뮤지션이 혼신의 힘으로 위험을 불사하고 공연을 하던 시대는 지났다. 아이돌 그룹이라도 인권은 물론 건강권도 중요하기 때문이다. 이제 소속사가 일정을 계획한 대로 무조건 따라야 한다고 보는 팬들은 없다. 아이돌은 팬을 위해서 존재해야 하고 이를 위해서는 건강하게 공연을 할 수 있어야 한다는 생각이 지배적이다.

일본 방사능에 관한 공포는 여기서 그치지 않았다. 도

쿄올림픽이 열릴 당시 도쿄에서도 방사능 수치가 높다는 결과가 나왔다. 방사능 수치가 4만 베크렐Bq/m^2 이상이면 임산부나 어린이가 오가면 안 되고 항상 그 수치를 검사해야 했다. 4만 베크렐은 가로 $1m^2$, 세로 $1m^2$인 땅에 방사성 물질 세슘137이 핵분열을 통해 1초에 4만 개 발생하는 것을 뜻한다. 그런데 도쿄 15곳 감시지 가운데 4곳이 '방사선 관리구역' 기준인 $1m^2$당 4만 베크렐 이상이었다. 이 가운데 한 곳은 무려 7만 7000베크렐에 달했다.

후쿠시마 인근 지역도 아닌 도쿄 도심에 이런 방사성 물질이 많다는 것은 일본 열도 전체가 방사능에 오염되어 있다는 것을 뜻한다. 특히 산과 강 하천에는 여전히 많은 방사성 물질이 남아 있다. 엑소, BTS, 트와이스, 블랙핑크, 슈퍼주니어 등의 팬들도 가만있을 수 없었다. 일본 각 지역의 방사능 오염에 관해 학술단체, 시민단체들이 협력할 부분도 많았다. 한국인의 건강권은 결코 일본인들이 지켜주지 않을 것이었다.

팬들은 케이팝 그룹을 성장시켰고 이 때문에 세계적인 활동의 토대를 구축할 수 있었다. 따라서 그들의 활동에서 건강이나 인권이 침해될 수 있다면 이에 대해서 적극적인 문제 제기를 해야 한다. 아이돌은 기획사의 소속되어 있다고 해도 기획사의 소유물이 아니고 팬들과 가치를 공유하는 것이 본질이기 때문이다. 그것이 흔들린다면 케이팝의 정체성이 흔들릴 수 있다. 참여와 소통을 통한 공진화가 케이팝의 정체성이기 때문이다.

한류로

먹고 살려면

어느 날, 지인과 함께 차로 이동을 하게 되었다. 자가용을 이용하여 제법 멀리 있는 길을 갈 때면 애초에 생각하지 않는 화제에 관해서 수다를 떨기 마련이다. 관심 분야가 비슷하기에 문화 콘텐츠에 관한 전반적인 이야기를 하다가 한참 주목을 받는 메타버스Metaverse 이야기가 나왔다. 나는 메타버스의 한계에 대해서 말하기 시작했다. 그러다가 메타버스를 부추기는 사람들에 대해서도 부정적으로 언급했더니 가만히 듣고 있던 그분이 갑자기 날카롭게 의문을 표하였다.

"아니, 그게 뭐가 잘못되었다는 건가요?"

뭔가 낌새가 이상했다.

"제 말씀은 아직 기술을 구사할 수 있는 기업도 없는데 너무 부풀려졌다는 거예요. 사업을 하기 위해서 너무 과장하고요."

이에 그냥 수긍하지 않고 다시금 재차 그분이 지적했다. 보통 때와는 다른 모습이었다.

"앞으로 어떻게 될지 알고 그렇게 말씀하시는 거죠? 모르는 거잖아요."

이 말을 듣는 순간 잘못 이야기했구나 싶었다. 내가 틀리게 말했다는 것이 아니라 이분이 어느 곳에 메타버스에 관한 일에 관계되었다는 생각을 하게 된 것이다. 아마도 그 분야가 유망하다고, 아니 최신 트렌드이기 때문에 빨리 나서야 한다고 누군가에게 강권하고 이에 대한 대가를 자문료로 받고 있는지도 모른다. 그런데 그것을 비판하고 심지어 메타버스를 언급하는 사람들까지 부정적으로 말하니 내심 화가 났을 수도 있다. 아마 최신 정보를 갖고 그것을 지식 판매상으로 활동하는 데 활용하는 지식 노동자나 지식 셀러들이 많을수록 트렌드 서적이나 신기술 담론은 잘 팔릴 것이다. 물론 그 실체와 상관없이 말이다. 하나의 투자 개념으로 예산이나 자원을 모을 수도 있다. 그야말로 어떻게 될지 알 수 없기 때문이다. 그런데 그렇게 들어가는 예산은 다른 누군가가 써야 할 예산인지도 모른다. 먹고살려면 어쩔 수 없다는 말은 다른 누군가에게 돌아가야 할 미래의 밥을 앗아갈 수도 있는 것이다. 그 피해는 미래를 살아갈 세대에게 돌아갈 가능성이 크다.

어떤 분야가 주목을 받으면 꼭 그 분야가 유망하다며 관심을 끌어모으는 이들이 있다. 다 먹고살자고 하는 일이라고 말하기 쉽다. 어느 전문가는 이렇게 말했다. "없는 기술에 대해서는 말하지 맙시다." 기술도 없는데 희망 사항을 장밋빛 현실로 만들어버리는 것은 그것을 통해서 이익을 끌어당기기 위해서이다.

자신도 잘 모르는 분야에서 청춘들을 이끄는 것은 희망 고문일 수 있다. 미래 세대에게 희망 고문을 하는 것은 무책임하다. 특정 문화 관련 분야가 뜨고 유망할 것처럼 말하는 이들이 있다. 88만 원이라는 말로 청춘 문제의 전문가인 것처럼 등극한 어느 경제 논객은 문화로 먹고살 수 있다는 책을 집필하고 출간한 적이 있다. 문화 관련 직종에 대해서 열거를 하면서 문화로 먹고살 수 있는 시대라고 어필한 것이다. 과연 그럴까 하는 생각이 든다. 물론 문화로 먹고 살

수 없다고 말하고 다니면 책도 안 팔리고 강연도 들어오지 않을 것이다. 관련하여 원고 청탁도 들어오지 않으니 무조건 유망하다고 말을 해야 한다.

2011년 안양시 만안구 석수동에서 최고은 작가가 숨진 채 발견되었다. 불과 32세였다. 옆집 문에 붙여 놓은 메모가 너무 가슴을 아프게 했다. 쌀이나 김치를 더 얻을 수 있을지 묻는 메모였다. 21세기 1인당 국민소득 3만 달러를 말하는 때에 젊은 시나리오작가는 잘 먹지를 못해 지병도 악화된 채 숨을 거둬야 했다. 이런 젊은 작가들이 목숨을 잃는 일은 막아야겠다는 생각에 대응책이 모색되었다.

2012년 최고은법이 만들어졌다. 이에 따라 만들어진 것은 예술인복지재단이었다. 이 재단은 전 예술가들에게 지원을 목적으로 하고 있었다. 가뜩이나 예산이 10억 원도 되지 않는데 전 예술인들을 대상으로 하고 있었다. 무엇보다 이 재단에서 지원을 받으려면 예술가라는 것을 증명해야 하는 것이다. 어떤 활동 이력 성과물이 있는지를 증명해야 하는 것이다. 만약에 최고은 씨가 이 재단에 신청했다면 지원을 받을 수 있었을지 의문이다. 그 역시 시나리오 예비작가였기 때문이다.

젊은 예비작가가 목숨을 잃었으면 예비작가에 해당하

는 이들에게 예산이 집중적으로 지원되어야 한다. 현실적으로는 문화예산에 관심이 적어 관련 예산 확보도 힘들다. 결국, 젊은 작가의 죽음 뒤에는 기성세대가 빨대를 꽂는 셈이다.

한류 콘텐츠 업계도 사정이 좋지만은 않다. 성공한 사례들을 많이 언급하지만 크게 성공한 사례가 있을 때만이다. 정말 아무것도 이룬 것이 없고 문화 예술적 열정이 많은 젊은 세대들에게 도움이 되는 정책은 별로 없다. 1만 시간의 법칙이라는 말이 있다. 이는 약 10년 정도의 세월을 말한다. 즉 한 분야에서 10년 정도 매진하면 나름 도가 튼다는 말이다. 젊은 세대들이 문화 콘텐츠 분야에서 종사한다면 10년은 버틸 수 있는 지원이 필요하다.

문화로 먹고살 수 있다? 문화로 먹고살기는 쉽지 않다. 좋아하는 것과 노동으로 생계는 물론이고 성공까지 담보하기에는 어려움이 있다. 일정한 절대 기간을 전력할 수 있는 지원이 필요하다. 한류와 관련된 문화 콘텐츠의 창작자들도 적어도 10년은 그 길에 집중해야 한다. 개인뿐만 아니라 가족, 학교, 그리고 사회나 공적 제도, 기관도 젊은 세대에게 여력을 집중해주어야 한다. 케이팝 한류 현상에서 우연히 세계적으로 주목받는 경우는 거의 없다. 상당한 노력과 내공이 어느 정도 쌓이고 나서야 진가가 드러난다. 그것은 작품을 만드는 제작진이나 배우들 모두에게서 확인되는 부분이다.

조연이 주연 되는

케이콘텐츠 스타일

대중문화는 화제가 되는 아이템이나 주제에 초점이 맞춰지다 보니 주연배우에 더욱 스포트라이트가 모인다. 하지만 2000년대 이후에는 조연이 매우 부각되었다. 인터넷 공론장이 많이 생겼고 그를 통해 정보와 지식이 소통되고 교류될 수 있었기 때문이다. 비록 조연이라고 해도 그들이 어떤 활동을 해왔는지 알 수 있으므로 더욱 그들의 가치가 빛나고는 한다. 그 가운데 대표적인 인물이 배우 윤여정과 오영수다. 이 둘은 하나의 신드롬이자 현상을 만들어냈다고 해도 지나침이 없다.

윤여정과 오영수의 아카데미와 골든글로브 연기상 수상을 보면서 절대 가치 시대를 맞이해 우리 배우들의 활동 지향점이 어디에 맞춰져야 하는지를 생각할 수 있었다. 스탠퍼드대학교 경영대학원 마케팅 교수 이타마르 시몬슨 Itamar Simonson은 약 30년 동안 행동 의사결정과 소비자 선택에 대한 마케팅 관련 논문을 수십 편 썼다. 그런데 그는 모바일 시대를 맞아 그간 자신이 해왔던 연구들을 부정했다. 단순히 숫자나 단어를 몇 개 바꿔 소비자의 선택에 영향을 미치는 행태주의 마케팅은 끝났으며, 사람들은 모바일을 통해 정보를 얻고 분석할 수 있는 역량이 생겼다는 것이 그 이유였다. 동시에 그는 단순 홍보술로 본질을 가릴 수 없는 가치를 '절대 가치absolute value'라고 했다.

윤여정과 오영수는 조연으로 잔뼈가 굵은 백전노장이다. 어떤 역이라도 마다 않고, 연기 경험과 역량을 구축한 인물이다. 그들은 흔히 주연배우를 우선으로 꼽는 연기 문화가 왜 바뀌어야 하는지 잘 보여준다. 주연배우들은 젊은 청춘들의 차지다. 그러므로 젊은 청춘기에 주연배우에 등극하면 최대한 그 주연배우 캐스팅만 기다리게 된다. 시간이 훌쩍 흘러서야 조연으로라도 출연을 모색하게 되는데 대개 악역을 맡으며 비중 있는 배역에 연연하게 된다. 악역은 내공이 필요하기에 쉽지 않다. 하지만 조연으로 계속 성장한 이들은 비록 악역을 맡는다고 해도 단순 악역이 아니라 깊이가 있는 악역이 된다. 오히려 조연이 장수하고 주연의 생명은 길지 않은 편이다. 그 수많은 세월 동안 쌓은 연기 내공을 다른 무엇으로 대체할 수 없기 때문이다.

케이콘텐츠가 세계 무대에서 빛을 발할 수 있었던 데는 연기자들의 경험과 노하우가 큰 역할을 했다. 이들은 장르나 수준을 가리지 않고 꾸준하게 시도하며 경험과 역량을 쌓아 절대 가치를 형성해왔다. 물론 아카데미와 골든 글로브의 한계도 분명하다. 그들은 주연상이 아니라 조연상을 주면서 족하다는 태도겠지만, 물론 우리는 그것에 만족할 수 없다.

글로벌 OTT(Over The Top, 온라인 동영상 플랫폼)가 무한 경쟁을 할 수밖에 없는 플랫폼 환경이 되면 결국 한국의 제작사는 물론이고 배우들도 더욱 많은 기회를 얻게 될 것이다. 그 기회는 단지 청춘스타만 잡을 수 있는 것이 아니라는 점은 역설적으로 청춘에게 희망적이다. 인생이 끝날 때까지 끝날 때가 아니라는 점을 보여주기 때문이다. 나이가 70대에 들어선 역전 노장들이 평생의 삶을 인정을 받는 모습을 통해 비단 영화계만이 아니라 우리 사회 전체가 어떤 방향으로 가야 할지에 대한 방향성을 보게 된다.

한국에서도 수많은 배우가 20대에 연기상을 받고도 사라져갔다. 청춘들이 가야 할 길은 주연이라는 자리가 아닐지 모른다. 연기라는 본질에 더 집중하는 시대가 도래했다. 스타가 아닌 순간 연기 세계를 떠나는 은퇴는 바로 이런 본질에 벗어난 경우다. 특정 분야에서 일을 평생 해온 이들의 세계는 이제 누구나 다 판단을 할 수 있게 되었다.

윤여정과 오영수는 어떤 캐릭터를 통해 상을 받을 수 있었을까? 공교롭게도 두 사람 모두 노인 역할이었다. 세계인에게 큰 울림을 주었다는 것도 공통점이다. 영화 〈미나리〉에서 윤여정 표 할머니는 개인주의적이면서도 가족 지향적이었다. 〈오징어 게임〉에서 '깐부' 오영수는 경쟁적인 자본주의 시장의 승리자이면서 골목길 공동체 정서를 그리워하는 연기를 했다. 그들은 한국 콘텐츠가 동서양의 가치와 정서를 절묘하게 결합해낸 맥락의 중심에 있다.

이 점을 연기자들도 놓치지 말아야 한다. 무조건 열심히 한다고 해서 되는 일은 아니다. 한국의 젊은 청춘들은 수용자들이, 아니 나 자신이 무엇을 원하고 있는가를 진정으로 들여다보고 그 영혼의 목소리를 끊임없이 반영해나가야 한다.

케이콘텐츠의 진짜 비결

2부

신파, 케이콘텐츠의

성공 요인

"선생님, 영화나 드라마는 정서가 매우 중요하다고 말하면 전문가들은 탐탁지 않게 생각해요."

"그럴 리가."

"정말이에요."

한 가수 분에게 온라인 동영상 플랫폼에서 한국 드라마가 왜 이렇게 인기가 있는지 설명하다가 이런 말이 오가게 되었다.

찰스 애프런Charles Affron은 《영화와 정서Cinema and sentiment》에서 영화에서 얼마나 정서가 중요한지 언급한다. 그는 'emotion'이 아니라 'sentiment'라는 단어를 쓰면서 영화에서 관객에게 감성과 감정이 얼마나 중요한지 말한다. 대중 콘텐츠에서 특히 드라마와 영화에서 남용되는 용어가 '신파新派'다. 별로 좋지 않은 의미로 사용되는데, 본래 일본에서는 가부키의 과장된 표현이나 연출을 의미했다. 이는 반대로 극예술이 절제와 은근함을 강조하는 예술 미학에 근거한다는 점을 알려준다.

하지만 이러한 극예술은 합리적 도식을 강조하기 때문에 지루하고 재미가 없다. 상당한 수준(?)에 다다른 사람들이 즐기는 문화예술 영역이라고 자부할지는 모르지만, 이미 얼개에 침잠해 있을 뿐이다. 지식인 예술가들은 이렇게 정서를 배격한 작품들을 선호하면서 이를 예술적이라고 말하지만 결국 세상을 움직이는 것은 바로 정서에 바탕을 둔 작품들이다.

영화 〈모가디슈〉(2021)는 신파가 없어서 좋다는 평가가 있었다. 하지만 이는 전문가들의 이야기일 뿐이다. 오히려 신파가 있었다면 더욱 흥행하지 않았을까. 신파는 나쁜 것이 아니다. 그것을 제때 적절하게 사용하지 못했을 때 돋보이지 못할 뿐이다. 자연스러운 감정의 흐름을 억지로 배제하는 것이 과연 적절한지 오히려 의문이다. 일반 관객들은 감정을 공유하고 느끼기 위해 대중 콘텐츠를 향유한다. 이는 국내에만 한정되는 요소가 아니다.

넷플릭스에서 흥행에 성공한 작품들에는 대개 이런 신파적인 요소가 있다. 물론 대개 케이팝이든 드라마든 보편적인 포맷에 새로운 요소를 차별화시켰다는 장점이 언급된다. 우선 케이팝은 세계 젊은이들의 선호도가 높은 힙합에 우리 아이돌 특유의 다이내믹함을 입혔다. 〈스위트홈〉은 크리처물이지만 식탐 괴물, 연근 괴물 등 색다른 캐릭터가 등장한다. 〈D.P.〉는 수사물인데 진열이라는 군무 이탈자 체포조가 등장해서 이채롭다. 〈킹덤〉에서는 생사초를 통한 좀비의 발생이 신선하다. 세계적으로 화제가 된 〈오징어 게임〉도 마찬가지다. 외국인들에게 더 익숙한 생존 게임 포맷에 '무궁화 꽃이 피었습니다' '달고나 뽑기' '구슬치기' '줄다리기' '오징어 놀이'가 색다른 관심을 불러일으킨다. 물론 이러한 점도 형식에 관한 것이다.

〈스위트홈〉에서는 정말 가슴 아픈 저마다의 사연이 나온다. 〈D.P.〉는 탈영병들의 아픔이 아리다. 〈킹덤〉에서는 애절한 민중들의 사연이 담겨 있다. 〈오징어 게임〉에는 특히 빚에 몰린 서민들이 하나같이 절박하게 마음을 울린다. 형제애, 우정, 연민, 배려, 연대 같은 끈끈한 정과 인간애가 농축돼 있는 것이다. 〈지금 우리 학교는〉이 전 세계적인 인기를 끈 이유도 바로 10대 학생들 사이의 로맨스와 가족의 정, 그리고 비극적 상황의 발생에 따른 감정을 보여준 덕분이다.

이를 두고 어떤 사람들은 신파라고 비아냥거리기도 한다. 오히려 그러한 요소를 제거한다면 작품성을 나아질 것이라고 한다. 물론 그러한 의견은 수준 높은 이들의 '고퀄'의 지적이다. 대부분 시청자는 오히려 대중적 감정선에 따라서 이 드라마를 통해 삶과 세상을 반추하게 된다. 오히려 국내보다는 해외에서 이러한 점을 주목하고 있다. 오히려 객관과 절제의 구조적 미학을 소비시키는 콘텐츠가 대부분인 현실에서는 오히려 신파 콘텐츠가 차별화되는 셈이다. BTS가 청년들의 희망과 용기, 정서적 격려를 말했을 때 적지 않은 이들이 뻔한 말이라고 했지만, 오히려 세계 청춘들은 열광했다.

감정과 정서를 제거한 장르물은 이미 할리우드가 장악하고 있다. 그런 콘텐츠는 오히려 좁은 소구력을 가질 뿐이다. 한동안 미국 드라마가 한국에서 모범적인 콘텐츠로 여겨지기도 했다. 작품을 볼 줄 안다는 사람치고 미국 드라마를 칭송하지 않는 이들이 없었고 우리도 미국 드라마처럼 만들어야 한다는 주장과 실제 기획이 범람했다. 미국 드라마를 보지 못하는 사람은 제대로 대화에 끼지도 못했다. 하지만 그렇게 인터넷에 화제가 되었던 미국 드라마가 지상파 방송사에서 죽을 쑤었다. 미국 드라마 방식으로 만들었던 작품들도 성공한 예가 없다. 다만 일부 드라마에서 사전 제작제가 적절하게 구사되어 반응을 일으켰지만, 이것도 역시 반드시 정답은 아니었다. 미국 드라마처럼 만든다면 미국 드라마를 넘을 수 없으며 미국 드라마와 비슷하게 되니 차별점이 없어지게 된다. 더구나 그러한 작품으로 미국에 진출할 수도 없을 것이다. 자칫 '짝퉁' 느낌이 나면 오히려 조롱거리가 될 뿐이다.

《블룸버그》가 〈오징어 게임〉의 인기 소식을 전하며 할리우드 콘텐츠를 케이콘텐츠가 위협하고 있다고 언급했다. 센티멘털한 케이콘텐츠가 세계적으로 인기 있는 배경을 생각하면 이런 진단이 지나친 것으로 보이지 않는다. 독일의 법학자 루돌프 폰 예링은 《권리를 위한 투쟁Der Kampf ums Recht》(1872)에서 법을 움직이는 것은 감정이라고 했다. 합리적이라는 법마저 그러한데 작품이나 콘텐츠는 더욱 말할 것도 없다.

인간은 이성적 존재라고만 규정하는 데카르트의 후예

들은 형식이나 구조, 기술적 테크닉이 콘텐츠의 흥행을 좌우한다고 생각하지만, 최한기(崔漢綺, 1803~1879)의 기철학을 계승한 이들이 보기에는 활동운화活動運化의 가운데 끊임없는 정서적 교감이 결국 세상을 움직인다. 그것이 신파가 비난을 받으면서도 계속 진화하는 이유고, 케이콘텐츠의 미래다. 세상은 과학적, 합리적으로 움직인다고 해도 합리적 법칙 안에서 사람들의 감정이 움직이고 있는 것 또한 사실이다.

그 가수 분에게 다시 말했다.

"넷플릭스에서 좋은 반응을 끌어낸 작품들의 공통점은 신파 정서예요. 영미권은 아니라고 해도 인도, 중국, 동남아시아만 합쳐도 인구가 30억이 넘어요. 아랍은 말할 것이 없지요."

"아, 그래요. 굉장히 중요한 의미가 있는 발견이네요."

말이 통해서 다행이었다. 자칫 불쾌할 수도 있는 상황이었기 때문이다.

문화할인율을 넘어선

예능 지옥 탈출

고향에서 어린 시절을 보낼 때는 우스개를 곧잘 했다. 친구들과 공유하는 나름의 웃음 코드가 있었기 때문이다. 그런데 고등학교에 진학해서는 우스개가 잘 통하지 않았다. 사실 웃기려면 비속어도 사용하고 사투리도 좀 써야 하는 것은 물론이고 특유의 억양을 구사해야 했다. 하지만 고등학교에서는 그렇게 할 수 없었다. 더구나 이미 사투리 쓰는 놈이라고 규정되었기 때문에 쉽지 않았다. 또한, 내게 재미있는 것들이 반 친구들에게는 재미있지 않았다. 이렇게 지역에 따라서도 다른 웃음 코드와 구사 방식들이 있는데 나라와 나라 그리고 민족과 민족 사이에는 더욱더 말할 것이 없겠다. 낯선 문화권에서는 정말 웃기기가 어렵다. 서로 공감하기도 힘들 수 있다. 문화적 공감대가 적기 때문이다. 그나마 그 간격을 줄여주는 것이 대중문화 콘텐츠라고 할 수 있다.

콘텐츠 가운데 '문화할인율Cultural Discount'이 높은 분야가 바로 예능 프로그램이다. 문화할인율이란 한 문화권에서 다른 문화권으로 문화 상품이나 콘텐츠가 이동하였을 때 문화 차이 때문에 상대적으로 그 가치가 낮게 평가되고 받아들여지는 현상을 말한다. 즉 문화적 배경이나 맥락은 물론이고 기초 지식조차 없으므로 이해와 공감을 하지 못하는 현상이다. 예능의 경우 이른바 문화 코드가 다르기에 받아들이기 힘들다.

심형래 감독의 〈라스트 갓파더The Last Godfather〉는 2010년 12월 29일 국내에서 개봉되었는데 한국의 흥행은 나쁘지 않아서 256만 명이 관람했다. 흔히 이 영화를 '영구와 땡칠이 웃음 코드'라고 했지만, 이는 어느 정도 통하고 있었다. 물론 고상한 문화 전문 집단은 다르게 봤을 것이다. 그들이 〈영구와 땡칠이〉를 명작으로 보지 않을 때 이 작품은 엄청난 흥행을 한 바가 있다. 그런데 미국 전역에서 〈라스트 갓파더〉는 참패를 하고 말았다. 현지 영화 평론가들도 혹평을 내렸다. 비록 갓파더(대부)의 패러디 영화라는 콘셉트를 밝혔음에도 불구하고 웃음 코드는 통하지 않았다.

그렇다면 온라인 동영상 플랫폼 시대에는 어떨까. 2021년 6월 〈논스톱〉 시리즈와 〈하이킥〉 시리즈 제작진이 참여했다는 것만으로도 크게 화제가 된 〈내일 지구가 망해버렸으면 좋겠어〉라는 시트콤은 단번에 주목을 받았다. 하지만 큰 기대는 그만큼 큰 실망으로 되돌아왔다. 이 시트콤은 다문화 코드에 의존했다. 국제기숙사를 배경으로 여덟 명의 캐릭터가 등장해 스토리를 만들어갔지만 어수선했고 어느 캐릭터에 몰입해야 할지 난감했다. '로컬을 통한 보편성'을 추구하는 넷플릭스 문화 전략의 배경에서 봐도 이질적이었다.

예능에서 뜻하지 않게 글로벌 트렌드를 일구어낸 것은 역시 영원한 예능의 핫 아이템인 연애 프로그램이었다. 한국에서는 논자에 따라서 매우 민감하게 부정적으로 반응하지만 연애 만남 프로그램은 확실히 마니아층을 가지고 있다.

〈솔로지옥〉의 경우 일반적인 연애 프로그램과는 다른

점이 있었다. 첫째, 출연자들은 연예인이 아니었지만 평범한 사람들도 아니었다. 참여자들은 자존감이 특별한 이들이었다. 자기 스스로 외모뿐만 아니라 철저한 자기관리에 대한 자부심이 충만해 있었다. 패자부활전 같은 느낌은 오히려 국내에서만 맞을 뿐이었다. 대리 충족이라는 대중문화 속성에 충실했다.

셀럽 효과도 작용했다. 논란을 많이 일으키기는 했지만 송지아처럼 화제를 낳는 출연자도 있었다. 역시 주목받는 캐릭터는 대중적 시선을 끌어내는 데 중요한 요소다. 비록 '짝퉁' 착용이나 10대 교복 성 상품화 논란이 있음에도 해외에서 인기가 폭발적이었다. 동양적인 정서도 있다. 직접적인 육체적인 접촉이 이루어질 수 있는 섬이라는 제한적인 공간, 그리고 호텔이라는 로맨틱한 공간임에도 정신적인 교감과 정서적 터치를 통해서 기대감을 충만하게 했다. 액자식 관찰 토크 예능을 결합하면서 미묘한 심리들을 잡아내어 부각하면서 더욱 흥미를 유발했다.

커플이 되어야 지옥도를 탈출할 수 있다는 연대와 공동체성도 한국적이어서 연애 게임에서 차별화되는 요소이다. 문화할인율을 줄이는 방법 가운데 하나는 언어를 남발하지 않는 것이다. 해외에 나갈 때 말이 많은 코미디물은 더욱 호응을 받기 힘들다. 스탠딩 코미디는 말할 것도 없다. 〈솔로지옥〉은 자막을 최소화하는 전략을 사용했던 것도 이에 부합한다. 자막을 통해서 깨알 같은 재미를 주려고 하는 국내 예능과는 다른 접근을 했다. 연애 데이팅 예능은 상황이 주는 흥미 요소에 이성 간의 선택이라는 본능적인 욕구 코드가 작용하기 때문에 비교적 쉽게 접근할 수가 있다. 영화나 드라마에 비해 제작비도 훨씬 더 저렴하다.

우리 드라마나 영화가 소위 가성비가 좋다는 말을 많이 듣는데, 예능까지 성공하면 더욱더 가성비가 좋다는 브랜드 효과를 구축하게 된다. 더구나 출연자들은 유명한 스타들도 아니다. 오히려 제작진들이 더 많은 몸값을 받아야 하는 사람들이다. 결국, 보편적 아이템과 포맷에 우리만의 남다른 아이디어와 시도의 실현이 성공 사례들을 만들어가는 것이다.

개인적인 경험으로 돌아가면 고등학생 시절에도 차츰 친구들과 대중문화 콘텐츠를 공유하는 일들이 잦아지면서 웃음 코드를 맞춰갔다. 당시에는 방송의 개그 프로그램이나 영화관의 개봉작들을 중심으로 공유와 소통의 포인트를 찾아갔다. 그때는 그 작품들이 한류로 뻗어나갈 줄

은 몰랐다. 하지만 국내든 해외든 문화적 원리는 같다. 앞
으로도 마찬가지일 것이다. 관건은 우리가 어떤 역할을 할
것인가다.

케이콘텐츠의 인기,

한국 현실 다뤘기 때문?

　　나는 칭찬에 약하다. 물론 겉으로 드러내지 않을 뿐이다. 아닌 척하지만 결국에는 칭찬하는 사람에게 연연한다. 그래서 무심코 형식적으로나마 칭찬을 한 사람들 주변에 머물게 된다. 물론 그렇게 칭찬을 하면서 자신들이 원하는 목적을 이뤄가는 이들도 있는 법이다. 칭찬에 약하다는 것은 스스로 자신이 없다는 것을 뜻할지도 모른다. 자신이 없을수록 있는 그대로 말해주기보다는 자신 있게 내보일 수 있을 점을 끌어내주기를 바란다. 한국인의 보편적인 심리도 그럴 거라는 생각을 자주 했다. 외신에서 다뤄주는 논평이 있으면 화제가 된다. 예컨대 싸이의 〈강남 스타일〉은 해외에서 크게 인기를 끌면서 오히려 국내에서는 이미 관심이 사그라들었음에도 더욱더 국내 언론매체에서 주목했다. 해외에서 관심이 있으면 그 원인을 찾으려고 평론가들과 교수들까지 연결된다.

드라마 〈마이 네임My Name〉을 보면, 한국에는 마약 밀매조직과 기업형 조직 폭력배가 가득한 듯싶다. 조폭들이 집단으로 패싸움을 벌이고 습격과 전쟁을 벌여 사람이 잔인하게 훼손당하는 일이 비일비재한 나라 같다. 더구나 그런 범죄 집단이 경찰 내부에 조직원을 침투시키기는 식은 죽 먹기 같다. 그런 마약 밀매 조직을 경찰은 수십 년째 잡아넣지 못한다.

〈오징어 게임〉이 전 세계적으로 1위를 달리는 가운데 드라마 〈마이 네임〉도 가파른 상승세로 전 세계 팬들의 주목을 받았다. 오히려 한국에서 덜 주목하는 모양새다. 〈오징어 게임〉도 한국보다는 아시아는 물론이고 유럽, 미국 등지에서 더 폭발적인 인기를 끌었다. 하지만 그 인기 요인 분석이 착오적인 경우가 많았다.

예컨대 미국의 《뉴욕 타임스》나 영국의 《가디언》이 분석한 것이 대표적이다. 그들은 한국의 불평등한 상황을 드라마 〈오징어 게임〉이 잘 반영했기 때문에 인기를 끌었다고 했다. 영화 〈기생충〉이 주목을 받은 이유와 같다는 외신들의 분석도 있었다. 이는 비단 외신 보도에만 머물지 않는다. 미국의 외교전문지 《포린 폴리시》는 미 외교관들이 본국에 보고한 전문을 다루기도 했는데, 한국인들의 경제적 좌절이 이 드라마의 인기 배경이라는 내용이었다. 이러한 분석은 사회적인 의미를 찾기 때문에 진중한 가치를 부여해준다. 한국에 그런 현실이 없다고 할 수 없겠다. 그런데 생각해보면 언제부터 한국에 관심이 많아서 전 세계인들이 그렇게 주목을 했는지 의문이다. 즉 그러한 현실은 한국에만 있는 것이 아니다. 전 지구적인 현상이다. 오히려 미국이 빈부격차나 좌절이 클지도 모른다. 유럽은 더 말할 것도 없으며, 아랍이나 남미는 입에 올릴 필요조차 없다.

때문에 〈오징어 게임〉은 한국에서만 주목을 받거나 인기를 끈 것이 아니다. 오히려 한국에서는 이 드라마가 낯설게 느껴졌을 뿐이다. 〈오징어 게임〉은 자유로운 상상력과 트렌디한 테크닉이 만나서 전 세계적으로 주목을 받은 사례이다. 더는 한국의 현실을 반영했기 때문도 아니고, 한국 작품이기 때문에 세계인들에게 호응을 얻어낸 것이 아니라는 점을 생각해야 한다. 드라마 〈마이 네임〉도 마찬가지다. 액션 누아르 장르물을 선호하는 세계 팬들이 주목하는 것이지, 한국이 마약 천지이고 조폭의 나라인지에 대해서는 관심이 없다. 마약이 없는 나라는 없고 그러한 조직도 마찬가지다. 비록 없는 나라가 있다고 해도 그곳에서조차 이 작품을 보편적인 문화 코드로 이해할 수는 있을 것이다.

드라마 〈마이 네임〉의 인기는 세계적으로 산재하고 있는 콘텐츠 팬들의 결집 현상을 보여준다. 다른 나라에서 볼 수 없는 색다른 차별성을 보여주고 있기에 한국의 콘텐츠들이 인기를 끌고 있는 것이다. 이 액션 누아르 장르의 드라마의 주인공은 젊은 여성이다. 더구나 가족주의 서사와 복수 코드가 적절하게 결합돼 있어 신선하다. 또 한국 특유의 감성적이고 감정적인 정서와 연대의 공동체적 지향점이 단순한 액션 누아르에 머물게 하지 않는다. 이는 과거의 홍콩영화들이 보여줬던 남성 중심의 가치관이나 세계관과 전혀 다르며 그것에서 더욱 확장되고 진일보했다는 점을 알 수가 있다.

이른바 케이콘텐츠의 차별성과 경쟁력은 바로 무엇이든지 그 문화적 코드와 기호, 취향을 흡수하고 그것을 자기화해 세계인들의 공감을 불러일으키고 있다는 점이다.

이는 어떤 음식 재료라도 그것을 발효시키는 우리 음식 문화와도 닮았다. 철저하게 대중의 눈높이에 맞게 수용자의 관점에서 장르적 특징을 맞춤식으로 형상화하고 있다. 이 때문에 케이콘텐츠는 로맨스에서 호러물, 크리처물, 누아르에 이르기까지 장르적 다양성과 풍부함을 갖추게 됐다. 그것이 가능했던 것은 우리나라가 문화국가를 지향하고 민주주의 제도를 창작에 잘 연결 지으려는 문화예술가들의 치열한 고민이 있었기 때문이다. 그래서 조폭 영화라해도 보편적이며 단순하지 않다.

〈오징어 게임〉은 해외,
〈지옥〉은 국내?

오리지널 드라마 〈지옥〉이 세계적으로 주목을
받게 되자, 한 매체에서 취재를 왔다. 주말 다큐멘터리에
서 이 작품을 주로 다루려고 하는데 아직 방영까지는 3주
정도 남아 있다고 했다. 그런데 문제는 그사이에 〈지옥〉
이 글로벌 1위에서 내려오는 상황이 된다면 다큐멘터리 콘
텐츠의 생동감이 떨어질 수 있었다.

"드라마 〈지옥〉이 그때까지 유지가 될까요?"

"드라마 〈고요의 바다〉가 기다리고 있는데 그때까지
는 유지되지 않을까요?"

이렇게 말은 했지만 사실 자신은 없었다. 〈오징어 게임〉을 본 주변 사람들은 별로라는 반응이 많았다. 그 잔인한 장면 때문에 설레설레 고개를 흔들기도 했다. 물론 끝까지 다 봤을 때 다른 느낌을 말하기도 한다. 사실 적지 않은 한국 사람들은 생존 게임 방식의 드라마나 영화는 보편적인 흥미 포인트를 갖기 힘든 면이 있다. 오히려 〈지옥〉이 공개되었을 때는 국내에서 반응이 더 좋았다. 〈오징어 게임〉에 대한 반응보다 좋았기 때문에 이런 흐름만 보면 〈지옥〉이 더 롱런할 것으로 보였다. OTT 플랫폼 영화·시리즈 전 세계 순위에서 〈오징어 게임〉은 총 53일, 〈지옥〉은 11일 동안 해당 순위 1위를 기록했다. 오징어 게임에 비하면 5분의 1에도 미치지 못했지만 상당한 기록을 세웠다. 왜 이런 차이가 난 것일까. 일단 〈지옥〉에 대해서 살펴볼 필요가 있다.

이 작품에서는 어느 날 갑자기 어떤 형상체가 나타나 "너는 몇 월 며칠에 지옥에 간다."라고 한다. 정말 그 시간에 정확하게 세 개의 또 다른 형상체가 나타나서 목숨을 잔인하게 빼앗는다. 사람들은 놀라움과 충격에 빠진다. 세간에서는 이것이 신의 심판이라고 한다. 이에 죽은 이들을 공격하고 그 남은 가족들까지 비난하거나 공격하면서 세를 불리는 집단이 생겨난다. 남은 사람들까지 연좌되어 벌에 시달리기에 처벌 고지 사실을 숨기게 되고 종교세력은 이것까지 활용한다. 더구나 공개적으로 사람의 목숨을 해치는 장면을 라이브 방송으로 중계하면서 사람들의 공포와 불안을 자극하고 심지어 수익 사업을 벌인다. 그들에게 사람 목숨은 매우 좋은 사업 거리이다. 정확한 시연은 막대한 권능과 이익, 부를 불려주는 셈이다. 남의 죄는 자신의 도덕적 우위를 높이고 하나의 비즈니스가 되는 현실을 꼬집고 있는 셈이다.

그런데 생각해보면 지옥에 간다고 고지하는 존재가 정말 신인지 알 수 없다. 인간과 다른 존재이면서 초월적인 능력으로 지옥을 언급하며 사람의 목숨을 앗아가면 신이라고 생각하는 것은 인간이 스스로 만들어낸 프레임, 즉 인식의 창일 뿐이다. 신이라 불리는 존재는 괴생명체일 수 있고 인간의 한계를 너무나 잘 인식하고 있는 존재일 수도 있다. 지옥에 간다는 말을 들은 개인만이 아니라 가족, 심지어 공권력조차 아무런 힘을 발휘하지 못한다. 경찰력이 안 된다면 군대라도 출동을 해야 하지만 지옥이라는 말에 모든 제도와 시스템이 무력해지고 만다.

그 괴생명체들은 단지 애니메이션 〈진격의 거인〉에

나오는 존재처럼 사람을 사냥해서 영양을 섭취하는 것일 수 있다. 괴형상체들도 다른 존재의 피고용인일 수도 있다. 관람객을 위해 퍼포먼스를 하는 존재의 양식은 인간만이 전유할 수 있는 것은 아니다. 고지를 미리 하는 것은 고지를 받은 사람들의 심리적 행태들을 즐기기 위한 것일 수 있다. 심지어 20년 전에 고지를 받은 인물도 있으니 그가 사이비 교주로 교단을 키워가는 것은 괴형성체들에게는 아주 흥미로울 수 있다.

결국 모두 해석의 문제다. 괴형상체가 사람의 약점을 파고들어 지옥이라는 말로 사람들을 꼼짝달싹 못하게 하는 점은 분명 팩트다. 하지만 그것을 인간이 오로지 죄와 벌, 신의 계시와 행동으로 해석할 수 있을까. 해석을 자신의 이익에 부합하게 움직이는 세력이 선을 강조하며 현상을 그대로 받아들이지 않고 남의 위에 서는 권력 요인을 수용하고 과장할 때, 그 선의 부각은 악의 세력으로 성장하고 실제로 더 큰 악이 된다. 그런데 그 악행을 하는 자들에게조차 신이라 불리는 괴형상체들은 관심이 없다. 애초에 선과 악, 죄와 처벌에는 관심이 없고 그 괴생명체들의 유지에 도움이 되도록 인간을 이용하는 데만 열중하는 존재들이기 때문이다. 그러니 신이 왜 정말 악한 인간들을 처벌하지 않냐고 원망할 일이 아니다. 인간의 힘은 결국 스스로 정리정돈을 해야 한다. 과연 사법부는 믿을 수 있을까? 사적 복수는 믿을 수 있는 것인가? 결국, 사람들이 진실을 알게 하는 것만이 중요해진다.

이는 단지 인간의 죄와 신의 처벌이란 도식에 관련된 이야기만은 아니다. 사회적으로 객관적인 사실을 자신의 이해관계에 따라 조작하고 이용하면서 민주주의의 근간을 뒤흔드는 일은 많기 때문이다. 공감은 무엇보다 문화적 지향에 있다. 세상을 바르게 보려고 하는 이들은 소수라도 있다. 〈오징어 게임〉에서도 아무리 약육강식의 메커니즘이 작동한다고 해도 연대와 소통으로 문제를 해결하려는 자율성이 나타난다. 〈지옥〉도 마찬가지다. 당장에 그들이 소수일지라도 말이다. 결국 그들이 승리하는 과정은 힘들지만 바로 그러한 과정이 담긴 케이콘텐츠에 세계인들이 호평을 보낸다. 앞으로 우리 콘텐츠가 어느 쪽으로 가야 하는지는 자명하다. 자극적인 시각적 효과와 설정이 본질은 아니다.

그런데 더 생각해봐야 할 점이 있다. 신이나 종교를 둘러싼 이해관계는 한국인에게는 익숙한 관심사 가운데 하나다. 지식인은 물론이고 전문 연구자들도 관심을 가진다.

종교에 관한 여러 가지 사회모순과 아젠다가 한국에 많기 때문이다. 그런데 아랍이나 인도, 중국, 일본 등에서 이런 〈지옥〉의 화두가 얼마나 호응력을 가질 수 있을까? 차라리 크리처물에 좀 더 초점을 맞췄다면 그 장르에 맞게 더욱더 촘촘하고 긴박하게 전개되어 글로벌 순위에 오래 남을 수 있었을 것이다.

캐릭터의 시대와

케이팝 한류

캐릭터라고 하면 단지 팬시 문구용품을 떠올리던 시절이 있었다. 그런데 팬시 문구의 캐릭터가 상당히 긴 기간 동안 마이너 문화로 있었음에도 불구하고 그 잠재성을 인식하지 못하고 있었다. 그 잠재성이 드러난 것은 디지털 시대가 되면서 캐릭터에 대한 몰입과 반응이 즉각적으로 나타났다. 단순히 캐릭터를 좋아하는 것은 유치한 취향이라고 생각했던 시대의 문화 상황이 많이 바뀌었다는 점도 있다. 키덜트라는 문화 취향 트렌드가 이제 하나의 산업 영역으로 편입되었다. 캐릭터는 단순히 아이들만

보는 콘텐츠에만 국한된 것도 아니다. 특히 동물 캐릭터는 단지 어린아이만의 것이 아니고 전 세계에서 문화적인 공통분모를 갖고 있다. 그 때문에 세계적으로 주목을 받고 때로는 화제는 물론이고 논란을 일으키기도 한다. 그만큼 영향력이 크다.

2021년 12월 전 세계적인 '떼창'과 군무 신드롬에 일본 누리꾼들이 가미카제처럼 융단 폭격을 했다. 그 대상은 BTS 멤버 진이 부른 〈슈퍼참치〉였다. 문제를 제기한 일본 누리꾼들은 가사에서 동해바다라는 단어가 일본해로 바뀌어야 한다고 지적했다. 가사를 구체적으로 보면 다음과 같다.

"팔딱팔딱 뛰는 가슴 내 물고기는 어디 갔나. 동해바다 서해바다 내 물고기는 어딨을까."

여기에서 동해를 문제 삼은 것이다. 그런데 이 곡은 동해만 언급한 것도 아니었고 바다 영해에 관한 노래도 아니다. 오로지 개인이 낚시에 관한 심정을 유쾌하게 담은 노래이다. 한돌의 〈홀로 아리랑〉처럼 독도를 전면에 드러낸 노래라면 모를까 아예 동해라는 말에 펄쩍 뛰고 있는 셈이다. 그런 지적에도 인기는 식을 줄 몰랐다. 해외 유치원 아이들이 단체로 이 노래에 맞춰 춤을 추는 모습들은 단연

화제였다. 또한, 수백 명이 클럽에서 〈슈퍼참치〉를 뮤직
비디오로 틀어놓고 떼창과 떼 춤을 선보였다.

전 세계 유튜브 조회 수 1위를 기록한 핑크퐁 〈아기 상
어〉와 BTS 진의 〈슈퍼참치〉는 여러모로 닮은 점이 있다.
일단 〈아기 상어〉가 전 세계 어린이들에게 큰 인기를 끌
었던 것은 캐릭터 때문이다. 상어나 참치나 공통적인 동물
캐릭터가 등장하고 있다. 여기에 감정이입이나 몰입을 더
욱 끌어낼 수 있도록 상어에 '아기'가 붙어 있다. 쉽고 신
나는 음을 가지고 있다는 점도 공통적이다. 다른 점도 있
다. 〈슈퍼참치〉의 내용이 〈아기 상어〉보다도 덜 두렵다.
〈아기 상어〉에는 무서운 상어의 사냥이 등장하고 있기 때
문이다. 또 상어보다는 참치 이미지가 좀 더 긍정적이다.
상어와 필적할 수 있도록 슈퍼라는 자구를 잊지 않았다.
아이들에게 티라노사우루스가 벨로키랍토르보다 선호되
는 것은 바로 덩치가 크기 때문이다.

또한 〈슈퍼참치〉에는 간단한 안무가 들어가 있다. 이
런 점 때문에 커버댄스를 넘어서서 챌린지가 가능하다.
SNS 세대에게 이런 챌린지 형태의 참여는 거부감이 없고
오히려 능동적이다. 더구나 간단한 커버댄스는 확산을 위
해서 필수 요소가 되고 있다. 여기에 금기 위반의 즐거움

도 있다. 진이 챌린지를 하지 말라고 했고 본인도 원하지 않지만, 오히려 그렇게 막을수록 어기고 싶은 심리가 생길 뿐이다. 게다가 문제를 제기하는 이들이 등장하며 도리어 주목받고 가치가 올라갈 수 있다. 그 이유가 상당히 비합리적이라면 더더욱 주인공을 빛내주는 조연이나 악역에 불과해진다.

세계적인 아이돌 가수가 노래를 불렀다는 점도 〈아기상어〉와 다른 점이다. 또한 이 곡이 탄생하고 세상의 호응과 성원을 받기까지 나름의 스토리텔링이 존재한다. 〈슈퍼참치〉는 팬클럽 아미를 위해 만든 곡이고, 가사 내용은 대부분 실제로 낚시를 하며 나눴던 대화에 토대를 두고 있다. 그리고 B급 아니 C급으로 가고 싶다고 진이 말했을 때 주변에서는 이제 최고의 반열에 올랐는데 명성과 이미지를 해치는 것 아니냐는 지적이 나왔음에도 진은 그대로 추진했다. 이러한 진의 면모는 이미 격식과 겉치레를 넘어서고 있는 자신만의 예술 철학을 보여주고 있다. 특히 〈슈퍼참치〉는 트롯 풍의 곡이다. 트롯이라고 하면 아직도 백안시하는 풍토가 있는데 이미 임영웅 현상을 통해서도 대중 팬들을 위해 스타가 존재한다는 것을 여실히 알 수 있었다. 트롯의 세계화를 위해서 많은 이들이 노력하는 상황에서 누구보다도 진의 〈슈퍼참치〉는 크게 이바지하고 있는 셈이다.

대중예술과 순수예술을 구분하지 않는 자세는 시대정신 가운데 하나이고 케이팝의 특징이기도 하다. 일본이 일본해가 아니라고 트집을 잡아도 결국 그들의 주장이 무력해질 수밖에 없다. 그것이 케이팝을 비롯한 케이콘텐츠가 문화 전략으로 진실을 바로잡는 노정에 나선 효과이기도 하다. 세상 사람들은 결국 사필귀정하는 세상을 염원하고 있다.

케이콘텐츠 속 한국의 가족이
주목받는 이유

  2004년부터 옴부즈맨 프로그램에 출연하며 방송 프로그램 비평을 해왔다. 방송법에 따라서 각 방송사는 자사의 방송 프로그램을 의무적으로 평가해야 한다. 그런데 이런 프로그램에서 대개 의식 있다는 비평가나 연구가들은 한국적 가족주의를 다룬 방송 프로그램들을 부정적으로 평가하는 경향이 있다. 가부장적 사회의 유습이 전통 가족주의에 많이 남아 있기 때문일 것이다. 개인주의 성향을 지닌 주인공들이 나오는 드라마를 선호하는 경향도 있었다. 아무래도 영미나 서유럽의 개인주의 문화 가치의 영향을 받은 것으로 유추할 수 있다. 물론 본인들은 그렇게 생각하지 않겠지만 말이다. 사실 문화에는 정답이 있는 것이 아니라 사회적으로 문화적 합의를 하는 것으로 충분하다. 개인주의에 대응하는 말은 집단주의다. 이 개념 도식도 서양인들이 만들어냈다.

헤이르트 호프스테더Geert Hofstede의 문화 차원 이론 Cultural Dimensions Theory이 있다. 한 사회의 문화가 사회 구성원의 가치관에 미치는 영향, 그리고 가치관과 행동을 분석하는 이론으로, 호프스테더는 1960~1970년대에 IBM이 수행한 세계 고용인 가치관 조사 결과를 바탕으로 이 모델을 만들었다. 문화 간 차이점을 관찰, 수치화하여 설명하는 최초의 시도였다. 그는 문화적 가치관을 분석해 네 가지 차원을 정리했다. 첫째는 개인주의-집단주의 individualism-collectivism, 둘째는 불확실성 회피uncertainty avoidance, 셋째는 권력 격차(power distance, 사회 계급의 견고성), 넷째는 남성성-여성성(masculinity-femininity, 과업 지향성-인간 지향성)이다. 이후에도 개념을 계속 발전시켰는데 저서 《세계의 문화와 조직Cultures and Organizations》 (2010)에서 미카엘 민코프Michael Minkov가 세계 가치관 조사 데이터 분석을 반영해 쾌락추구-절제indulgence versus self-restraint를 추가하기도 했다. 여기에서 개인주의-집단주의가 가장 먼저 꼽히고 있는데 여기에 가족주의도 속한다. 가족주의 확장은 공동체주의와 같다.

그런데 이 연구는 조직문화 심리를 연구한 것이기 때문에 일반 생활문화 관점에서 공감할 수 있는 점이 덜하다. 대개 이런 연구들이 비즈니스 관점에서 연구된 것은 생산성과 수익 때문이다. 나라면 개별주의와 가족주의를 포함시켜 분석했을지도 모른다. 왜냐하면, 가족주의와 그 구성원 간의 관계는 많은 영역에서 우리의 삶에 영향을 미치기 때문이다. 가족주의는 수많은 콘텐츠에 등장한다.

영화 〈국제시장〉이 도시인들이 지난 개발 시대를 어떻게 겪어왔는지 보여준다면, 연극 〈봇물은 터졌는디…〉는 농촌 사람들이 그 시기를 어떻게 버텨왔는지 보여준다. 영화 〈국제시장〉의 주인공 적수(황정민 분)는 경제적인 안정을 이루고, 자녀들을 잘 키운 후 행복한 노년을 보내는 인물이다. 지난 세월의 고생은 오늘을 위한 낭만적 고통의 여정이다.

연극 〈봇물은 터졌는디…〉의 주인공은 자신의 꿈보다는 현실 문제를 해결하는 데 치열했다. 가족 구성원 가운데 배우자는 먼저 떠났고, 혼자 아이를 키워야 했다. 옳은 명분을 위해 투쟁하기도 했지만 뒤늦게나마 만난 사랑하는 사람과 끝내 맺어지지도 못한다. 아이들이 결혼을 해버려 겹사돈을 맺을 수 없으니 비극적 멜로나 다름없었다. 그렇게 양보하고 희생해 키운 자녀는 캐나다로 가서 한국에 올 줄을 모른다.

영화 〈미나리〉에서는 미국 아칸소에서 남매를 키우는 한국인 부부가 맞벌이와 심장이 약한 막내 때문에 한국에서 어머니를 불러온다. 지방에서 서울로 아이를 보러 오는 수준이 아니라 북미 대륙까지 비행기를 타고 가야 하는 어머니의 자녀 사랑을 세계인 어느 누가 따라갈 수 있을까. 머나먼 타향에서 어머니인 순자(윤여정 분)가 결국 아프기 시작한다. 그 할머니를 누가 돌볼까. 미국으로 건너온 순자에게 있는 것은 미나리씨앗뿐. 그 씨앗의 의미에 공감하는 자식이 있다면 다행이다.

연극 〈봇물은 터졌는디…〉에는 자식에게 봉양을 바랄 수 없는 부모 세대의 자화상도 나타난다. 열심히 살았지만, 자신을 돌봐줄 경제적 여유는 물론 가족도 없는 이들이 너무나 많은 상황은 영화 〈국제시장〉의 뿌듯한 묘사와 대비된다. 대부분의 노년층들은 성공보다는 그 반대쪽에 있다. 실제로 우리나라의 66세 이상 은퇴 연령층의 상대적 빈곤율(중위소득 50% 이하)이 경제협력개발기구OECD 가입국 중 가장 높다. '2020년 고령자 통계'에 따르면 지난 2018년 기준 상대적 빈곤율은 43.4%였다. 프랑스(3.6%), 노르웨이(4.3%), 독일(10.2%), 캐나다(12.2%) 등과 비교할 때 매우 높은 수준이다.

노후를 요양원에서 보내야 하는 풍경은 비단 기성세대에게만 해당하는 것은 아니다. 미래 세대는 더욱 그럴 것이다. 저출산으로 가족 자체가 거의 없기 때문이다. 그런데도 싱글족, 비혼족의 증가가 트렌드로 주목받고는 한다. 그것도 젊고 돈의 여유가 있을 때 멋져 보일 것이다. 영화 〈승리호〉에서 보여주는 2092년 비혈연적 대안 가족은 미래 세대의 삶이 가족 해체로 파편화되는 운명을 거꾸로 말해준다.

서구인들이 영화 〈미나리〉 속 순자 캐릭터를 통해 영화의 작품성을 높게 보는 것은 한국의 가족주의 때문일 것이다. 그들은 가족 해체를 경험하고 늦게 깨달음을 얻었을 것이다. 한국의 가족주의를 해체하는 것이 능사가 아니다. 가족 해체를 하고 얻은 경제 개발과 성장은 개인의 행복도 보장하지 못한다.

더구나 우리나라가 노인 빈곤율이 높은 상황에서 가족

이 서로를 의지하고 견뎌야 한다. 국가 정책은 가족이 무너지지 않게 해야 하고, 미래 세대에는 더욱 그렇다. 이렇게만 보면 우리나라의 현실이 매우 부끄럽게만 느껴진다. 그래서 감추고도 싶다. 그런데 생각을 해보면 이런 노인 빈곤의 문제가 한국에만 한정되는 것은 아니다. 세계적으로 복지가 잘되어 있는 소수의 국가를 빼고는 같이 겪고 있는 문제라고 할 수 있다. 이러한 관점에서 가족주의 콘텐츠는 보편성을 얻을 수 있다.

한 가지 덧붙이자면 서양에는 개인주의적 가족주의가 있고 한국은 공동체적 가족주의가 있다. 그렇지만 결국 공통점은 있다. 솔로 이코노미에서 말하는 혼자만의 삶만 이상적인 모델로 삼는 것은 아니라는 점이다. 케이콘텐츠에서 시도하고 있는 공동체적 가족주의가 가족 구성원 개인들의 선택과 취향, 나아가 권리를 어떻게 반영시킬 것인가를 세계에서 주목하고 있다.

변화하는 사극

트렌드

2009년 한 대학에서 제안이 왔다. 사극을 바탕으로 역사학을 새롭게 정립을 해야 하는데 기초 자료 작업조차 되어 있지 않아 작업을 같이 하자는 것이다. 이는 나름 진일보한 생각이었다. 하지만 주류 사학에서 어떻게 받아들일지는 논쟁이 될 만했다. 그나마 이런 이야기가 나오는 것은 해외에서 반응이 좋았던 사극이 꽤 나왔기 때문이다. 사람들은 잘 인정하려 하지 않는 경향이 있지만, 사극한류도 족적足跡이 분명하다.

사극이라면 대개 중장년용, 국내용이라고 생각한다.

예외인 경우도 있다. 일반 로맨스 드라마에서 〈겨울연가〉가 있다면 사극에서는 〈대장금大長今〉이 있다. 〈대장금〉은 2003년 MBC에서 방영되었는데, 당시 시청률 55.5%를 기록했으며, 91개국에 120억 원 규모로 수출되었다. 홍콩에서 최고 시청률을 기록했고, 호남 TV가 2005년 〈대장금〉을 중국에서 처음 방송한 이후 중국에서 최소 2억 명 이상이 시청했다.

아랍에서도 인기가 대단했다. 〈대장금〉〈주몽〉 등이 이란에서 90%대 시청률을 기록하기도 했다. 〈대장금〉의 주인공 이영애는 2017년 이란 정부에서 감사패를 받기도 했다. 그 뒤 이란에서는 〈나의 나라〉〈대왕의 꿈〉 등도 계속 방영되었다. 중앙아시아 우즈베키스탄에서는 드라마 〈대장금〉과 〈주몽〉이 공중파 방송사에서 다섯 차례 이상 재방송될 정도로 큰 인기를 끌었다. 인도에서는 반복적으로 자살 시도를 했던 사람이 한국 제작진에게 편지를 보내왔다. 내용은 다음과 같았다.

"나는 항상 내 삶을 비관적으로 생각해 자살을 시도했다. 하지만, 〈대장금〉의 주인공 장금이를 보면서 인생을 다시 돌아보게 됐다. 주인공 장금이가 끝없는 시련과 온갖 역경에도 굴하지 않고 끝까지 극복하는 태도를 보면서 삶을 긍정적으로 보게 됐고 내가 겪는 고통은 아무것도 아니라는 것을 알게 됐다."

이른바 드라마의 치유 효과였다. 대개 드라마가 악영향을 주는 것을 우려하는 경우가 많은데 드라마에 긍정적인 효과가 있음을 잘 보여준 사례다. 이 편지를 받은 제작 관계자들은 "참 기쁜 일이다. 완성도 높은 드라마는 국경과 언어를 뛰어넘어 사람들에게 감동과 변화를 줄 수 있다는 것을 느꼈다."라고 말했다. 한식에 관한 관심도 높아졌다. 의녀 장금이가 수라간 나인 생활을 하며 만들었던 궁중떡볶이, 김치전 같은 음식이 한류 특수를 누렸다.

일본에서는 〈대조영〉이 일본에 수출되기도 했다. 일본에서는 DVD를 통해 유통되었는데 일본 최대 DVD 대여점인 츠타야TSUTAYA의 집계에 따르면 2005년에 남성 대여자 비율이 33.9%, 〈주몽〉은 44.7%로 나타났다. 〈대조영〉의 경우, 52.9%으로 남성 대여자가 여성보다 훨씬 많았다. 한류 드라마 대여에서 사극 비율도 2007년 4월 7.4%에서 2009년 7월에는 32%로 늘었다. 일본에서 한국 사극들이 인기가 있는 이유는 선이 굵은 사극이 일본에는 없었기 때문이다. 장쾌한 서사구조에 따라 전개되는 한국 사극의 차별점이 대중을 파고들었다.

그런데 최근 다시금 사극이 한류 현상을 일으키고 있다. 변화된 문화적 코드를 반영하고 있어 고무적이다. 2021년 KBS에서 방영된 〈연모〉는 국내 시청률 10%를 넘긴 것은 물론이고, 넷플릭스 비영어 부문 4위에 올랐다. MBC 〈옷소매 붉은 끝동〉은 국내에서도 화제를 불러일으키고, 20개국에 OTT·방송 공급 계약을 맺기도 했다. 해외와 국내를 모두 사로잡았다.

이렇게 두 마리 토끼를 잡은 사극의 비결은 몇 가지로 압축된다. 현실의 지금 상황과 사극 속 상황을 비교하는 재미와 공감 포인트다. 장르 면에서는 로맨스 멜로 사극으로 확실한 정체성을 보여주기 시작했다. 신분의 허울은 로맨스 멜로 앞에 무력하다. 〈해를 품은 달〉 이후 세자는 어느새 로맨스남의 단골 직업군이 됐다. 물론 여기에서도 성공 스토리가 반영돼 욕망을 작동시켰다. 하지만 반드시 왕이 된다거나 관리가 되는 것이 아니라 생존을 위해 불가항력적인 상황을 벗어나기 위한 현실적인 분투가 우선이다. 〈연모〉에서는 주인공이 여성이라는 이유로 왕에 오를 수 없고 심지어 억울하게 제거당해야 했다. 독특한 쌍생아라는 설정으로 차별화를 이루었고 위기들을 극복하면서 점차 성취감을 얻게 했다.

또한, 이런 인기 사극에서 여성 서사가 전면 부각된 것도 특징이다. 〈옷소매 붉은 끝동〉은 그동안 잘 부각되지 않던 궁녀들을 중심으로 불러들였다. 이전의 권력 암투 집단으로 설정되는 것과 달랐다. 여성이 남성을 위한 들러리나 수동적인 의존체가 아닌 독립적인 주체로서 자리매김하고 있다. 여기에 원작의 특징도 중요한 시대가 됐다. 웹소설이나 웹툰을 원작으로 삼으면 기본적인 팬들과 화제성을 확보할 수 있고, 영상화하는 과정에서 좀 더 쉽게 결과물을 낼 수 있다.

청춘들이 전면 등장하는 사극은 대규모 조연들이 활약하는 '어르신 사극'과는 차별화가 이뤄진다. 특히 글로벌온라인 동영상 플랫폼에서 아날로그적인 감성을 자극하는 콘텐츠가 성공할 수 있다. 그 이용자들이 영미권보다 세계적으로 더 넓게 포진하고 있다고 보면 된다. 오히려 신파에 가까울수록 반응은 더 좋을 것이다. 디지털 모바일 기기를 통해 아날로그 정서가 충분한 작품으로 회귀하고 있는 것이 한국만이 아니라 세계적인 현상이다.

앞으로 사극은 계속 안방 문을 두드릴 것이다. 몇 가지 사례를 통해 방향을 가늠할 수 있다. KBS 1TV 대하 드라마 〈태종 이방원〉은 〈용의 눈물〉〈대조영〉〈태조 왕건〉

〈정도전〉〈장영실〉을 잇는 정통 사극을 표방했다. 〈태종 이방원〉은 현재 인기 있는 한류 사극과는 다른 결을 가지고 있다. 이른바 선이 굵은 사극으로 많은 사건과 인물이 관여되고 있기에 복잡성이 증가한다. 또 권력 관계를 중심으로 서사가 전개되기에 감성적, 정서적 몰입은 덜할 수 있다. 선이 굵은 사극은 일본과 아랍에서 선호한다. 또 각 방송사는 금주령에 얽힌 이야기를 담아내는 유승호·혜리 주연의 〈꽃 피면 달 생각하고〉, 장혁·이준·강한나 주연의 〈붉은 단심〉은 궁중의 권력 다툼과 로맨스를 잘 그려냈다. 이러한 사극들은 여성 중심 서사의 세계적 보편성에 독특한 멜로 설정을 가미한다.

결국 시청자들이 원하는 것에 충실해야 한다. 로맨스 사극이 정통 사극으로 기울고 정통 사극이 로맨스 사극으로 기울어갈 때 시청자들의 실망은 글로벌해질 수 있으며, 결과는 그에 상응할 것이다.

케이콘텐츠의

씨네라마 트렌드

　　군 제대 이후에 잠깐 기숙사 생활을 한 적이 있다. 원래는 기숙사 생활하는 것을 별로 선호하지는 않았는데 군대 생활이 이런 취향을 둔감하게 만들었는지도 모른다. 집단적인 기숙사 생활도 한 번쯤 해보면 좋을 것 같다는 생각을 했다. 당시에는 스마트폰이 없었지만 그래도 노트북들은 많이 가지고 있었다. 노트북을 통해서 자신들이 원하는 동영상은 마음대로 볼 수 있는 초고속 통신망이 막 깔린 참이었다. 동영상을 끊김 없이 볼 수 있는 환경이 시작되고 있었고 물론 다운로드 속도도 아주 빨라졌기 때문에 자신들의 컴퓨터에 영상을 소장하는 것이 유행이었다. 이때 반복적으로 보는 뮤직비디오가 있었다. 한 편의 영화 같은 동영상은 노래와 함께 돌아갔고 그 안에는 가수들이 아니라 영화배우들이 등장하고 있었다. 그 영상이 나중에 미칠 영향에 대해서는 당시에는 가늠할 수 없었다. 씨네라마(Cinerama, 씨네마+드라마)의 시작이었다.

1998년 조성모의 데뷔곡 〈투 헤븐〉은 뮤직비디오로 파란을 일으켰다. 사실상 이 뮤직비디오는 케이팝 아이돌의 뮤직비디오의 시원이 됐다. 영화를 한 편 감상하는 느낌을 주는, 이른바 씨네 뮤비였다. 당시 파격적으로 1억 원에 달하는 제작비를 들였고 이병헌, 김하늘, 정웅인, 허준호, 조민수 등 당대 대표적인 청춘의 아이콘이 출연했다. 거의 노래방 영상 수준이던 이전의 뮤직비디오와는 달리 노래와 밀접하게 연결된 스토리라인과 연출력이 돋보였다. 영화 카메라와 조명 그리고 시각적 효과까지 남달리 구사된 것은 제작에 영화 인력이 대거 투입되었기 때문이다.

이후 2000년대 들어서 글로벌 팬들은 영화 같은 뮤직비디오를 통해 케이팝에 주목했고 그 인기는 모바일 SNS 모바일 시대가 되면서 더욱 폭발력을 갖게 됐다. 이로써 기획사나 소속사에서도 뮤직비디오에 많은 제작비와 인력 지원을 아끼지 않게 됐다.

그 뒤 한국의 케이콘텐츠가 한류 현상을 일으키는데, 음악만이 아니라 영화와 드라마의 융합 현상이 그 중심에 있다. 세계적으로 화제를 불러일으킨 〈킹덤〉〈오징어 게임〉〈지옥〉 등을 보면 드라마 형식을 취하고 있지만, 기존의 드라마와 다른 특징을 지니고 있다. 이런 드라마 앞에 웬만한 영화들은 명함을 내밀지 못한다. 영화를 만드는 인력도 드라마 피디에 한정되지 않고 내로라하는 영화제작진이 참여하는 것이 기본이다. 몇 년 전 박찬욱 감독이나 봉준호 감독이 드라마 제작에 나선다고 했을 때 화제가 된 적도 있지만, 이미 글로벌 플랫폼에서는 이런 일이 일반화됐다. 드라마 제작 인력과 영화 제작 인력의 구분을 하는 것 자체가 시대적 흐름에 맞지 않는다.

참신한 작품과 신예 작가들을 발굴, 육성하는 KBS 〈2021 드라마 스페셜〉에도 이러한 흐름이 확인되고 있다. 좀 더 확장해서 영화로 제작해 개봉되거나 영화제에 초청된 작품도 있었다. 형식적인 구성만이 아니라 내용도 영화와 잘 구분이 되지 않는다. 이런 드라마를 방송 채널을 통해서 무료로 볼 수 있다는 것은 역설적인 의미가 있다. 코로나19 팬데믹에서 극장 영화 관람을 꺼리는 가운데 웬만한 영화 같은 콘텐츠들이 제공된다면, 극장은 더욱 위기에 놓일 것이다. 봉준호 감독이 〈옥자〉를 넷플릭스를 통해 공개했을 때, 유럽의 극장주들이 극단적으로 반발한 것은 이 때문이다. 하지만 이미 시대는 변해서 극장은 온라인 동영상 플랫폼과 협력을 통해 시너지 효과를 꾀할 수밖에 없다. 그 때문에 더욱 드라마와 영화의 경계 구분은 의미가 없다.

콘텐츠 기획과 공모 단계에서 장르의 구분은 의미가 없어진 지 오래다. 창작자들은 소설이나 웹툰, 영화, 드라마라는 장르 구분을 하지 않는다. 기승전결의 서사 구조로 되어 있지만 시놉시스에서 발전한 시퀀스(이야기 뭉치) 형태의 산문을 제출하면서 장면scene의 구분을 하지 않고 하나의 스토리 줄거리를 작성할 뿐이다. 소설처럼 구체적인 묘사나 구성은 하지 않아도 되고 미학적인 문체와는 별도로 이야기 전개 흐름만 보여준다. 대사는 거의 없고 있다고 해도 필수적이 아니며 이해를 위해 사용할 수도 있다.

작품이 신선하고 대중성이 확인되면 그때야 어떤 장르에 적용할지 고민한다. 처음부터 영화와 드라마의 구분을 하지 않으면 혼종성은 당연하다. 어차피 온라인 동영상을 통해서 콘텐츠를 접하는 이들은 드라마와 영화의 구분을 하지 않는다. 극장과 텔레비전을 구분하지 않고 콘텐츠 자체에 더 주목하기 때문이다. 다만 드라마는 형식적으로 몇 부나 몇 회에 걸쳐 나누어져 있을 뿐이다. 하지만 이조차도 정주행이라는 시청 행태로 영화의 연작 시리즈를 보는 것처럼 즐기는 이들이 많아졌다.

한국의 콘텐츠가 세계적으로 주목을 받은 것은 단순히 소재와 내용의 구성과 창작에서 남다른 면 때문이기도 했지만 일찍부터 장르 파괴와 혼종성에 바탕을 둔 융합적인 창작에 적응력을 배태해왔기 때문에 가능했다. 이러한 점을 간과하거나 과소평가한다면 앞으로 케이콘텐츠의 지속성을 담보할 수 없을지 모른다.

기숙사에서 동영상을 마음대로 볼 수 있던 시절, 당시 최초로 여야 정권 교체를 이룬 김대중 정부는 초고속 통신망 구축사업을 의욕적으로 추진했다. 사실 이러한 사업은 권위주의 정부에서는 추진하기 힘든 면이 있었다. 이러한 점은 나중에 이명박·박근혜 정부에서 확인되기도 한다. 국민이 원하는 대로 정보와 지식을 공유할 수 있는 환경은 민주주의와 밀접하게 맞닿아 있다. 민주주의와 케이콘텐츠의 발전은 불가분의 관계에 있으며 이는 앞으로도 마찬가지다. 케이콘텐츠의 진화는 이러한 민주주의 정신과 철학에 따른 정보콘텐츠의 소통과 상호작용을 이룰 수 있는가에 달려 있다.

아이돌에서

아이들로

    1990년대 초반까지만 해도 신화화 전략을 쓰던 문화 대통령 서태지는 인간화 전략을 추구하며 대중매체와 접촉하며 자신의 친근함을 드러내기 시작했다. 이는 바뀐 문화 환경 때문이다. 예전의 우상만이 아니라 새로운 신예 우상들도 더는 자신을 신화화하기보다는 팬들의 또 다른 친구이자 분신으로 등장하고 활동해야 했다.

    특히 케이팝을 보면 이러한 현상이 두드러진다. 아이돌은 대개 10대들의 우상을 뜻한다. 10대들이라도 10대가 아닌 뭔가 다른 존재이다. 아이돌에는 우월과 선망이라는 심리가 들어 있다. 다른 국가로 가게 되면 동방에서 온 특별한 존재를 넘어서서 엑소처럼 외계에서 온 존재가 되기도 했다.

우월과 선망의 존재는 항상 특별하게 자신을 꾸며야 한다. 실제와 다른 존재가 되기 때문에 연출과 필수 가공은 당연한 일이다. 매번 연출과 가공을 해야 하므로 실제 삶과 분리된다. 이러한 틈이 벌어질수록 본인 스스로 압박과 스트레스를 받게 된다. 허구와 위선이 커질 가능성이 크고, 그럴수록 폭로 저널리즘이 농간을 부릴 가능성도 커진다. 심지어 그것을 견디지 못하고 극단적인 선택을 하는 경우까지 있다.

더구나 모바일 문화가 발달하면서 사실은 물론 진실도 속일 수 없게 됐다. 해법은 단 하나다. 그 모습 그대로 보여주는 것이다. 다만 역할 놀이처럼 사람들이 원하는 모습을 보여주면 될 뿐이다.

BTS를 보면 그들은 다른 누군가가 아닌 청춘의 또 다른 분신들이다. 흙수저 정서들이 반영된 점이 이를 잘 나타내준다. 실력은 있지만 기회를 얻지 못해 배제되고 사라져야 할 운명의 수많은 청춘들이 바라는 것은 자신들의 상황을 대리 타개해주는 존재이다. 현실에서 좌절한 청춘들은 자신의 분신인 이들이 성공하기를 바라고 응원하게 된다. 이는 선망을 중심으로 한 일상 탈주의 팬덤 문화와는 전혀 다른 작동원리를 갖게 된다.

이런 아이돌에서 아이들로 귀환하는 현상은 비단 케이팝에만 해당하는 것은 아니다. 요즘 드라마 주인공들은 여신의 이미지를 갖고 있지 않다. 한편으로 올드팬들이 좋아하는 여배우들이 대거 복귀하기는 했다. 〈인간실격〉의 전도연, 〈지리산〉의 전지현, 〈너를 닮은 사람〉의 고현정이 대표적이며 〈구경이〉의 이영애도 빼놓을 수 없다. 하지만 더 이상 새로운 세대에게는 힘을 발휘하지 못한다.

감정이입과 공감의 폭은 여신보다는 일상 또래, 자기의 분신과 같은 캐릭터를 향해 더 커진다. 〈원더우먼〉의 이하늬를 봐도 조폭 출신에 망가진 캐릭터를 마다하지 않는다. 〈검은 태양〉의 김지은은 말할 것도 없고, 〈유미의 세포들〉에서 열연 중인 김고은은 매우 전형적이다. 〈천추 태후〉 시절의 채시라는 정말 고생을 많이 했다. 남성들처럼 말을 타고 격투기를 해야 했다. 〈연모〉의 박은빈은 세자이기는 해도 남성 콤플렉스에 시달리지 않아도 된다. 20대 여성들도 즐겨본 누아르 〈마이 네임〉의 한소희는 여성적 장점을 살려 액션도 새로운 경지를 보여줘 호평을 받았다.

어디 드라마에만 한정될까. SBS 〈골 때리는 그녀들〉
은 여성의 삶이 그대로 드러나는 여성 예능의 새로운 코드
를 잘 잇고 있다. 못 하면 못 하는 대로 열심히 축구라는
종목 자체에 몰입할 뿐이다. 남성들을 의식할 필요가 없
다. 축구를 남성들처럼 할 필요도 없고, 여성들이 펼치는
경기 자체가 중요하다. 더구나 남성처럼 경기하지 않아도
남성에게서조차 특유의 흥미를 유발한다.

댄스 서바이벌 〈스트리트 우먼 파이터〉도 남성을 의
식하지 않는다. 대중음악의 여성 댄스는 주로 남성의 시선
을 의식하지만, 이 경연 프로그램에서는 스스로 자신을 표
현하는 데 초점을 맞춘다. 그래서 이 프로그램은 때로는
'걸 크러시'라는 개념으로 규정되기도 한다. 걸그룹 블랙
핑크도 이 개념으로 볼 수 있다. 새로운 스타일로 보는 이
들의 자아를 실현해주는 역할 때문에 팬덤이 생기는 일은
당연하다. 오히려 당당한 개성적 표현의 스타일로 남성 팬
들을 거느리게 된다. 더구나 혼자 승리하는 것이 아니라
집단적 연대와 공동체성을 구가하는 모습들은 자못 이 시
대 개인주의적 파편화의 현실을 넘어서기도 해서 드라마
보다 감동적이다.

아이돌에서 아이들의 시대로, 영웅과 여신의 시대에서

이제 우리 자신을 대변하는 캐릭터에 더 응원과 몰입을 하는 시대로 오면서 우리 사회의 리더 상도 달라졌다. 공감할 수 있고 감정이입이 가능한 또 하나의 분신을 응원하고 지지하게 만들어야 하는데 정치만 이를 모를 뿐이다. 이러한 현상은 비단 한국에만 한정되지 않는다는 점에서 블랙핑크나 한국 드라마 여주인공들의 활약을 응원하지 않을 수 없다.

언택트 콘서트,

미래 시장의 조건

2020년 대형기획사 홍보이사와 만나 코로나19 시국의 비대면 콘서트에 대한 이야기가 오고갔다. 당시 대면 공연을 하지 못했기 때문에 하나의 대안으로 찾은 것이 비대면 가상 콘서트였다. 그런데 비대면 콘서트가 입장료를 받는 공연이었기 때문에 더욱 눈길을 끌었다.

"좀 어떠세요? 비대면 콘서트 하실 만해요?"

"아, 네. 괜찮습니다. 그동안 쌓아온 경험과 노하우가 있으니 해볼 만하고 성과도 좋습니다."

자신감이 넘치는 말이었다. 염려했던 것과는 달리 좋

은 성과도 있는 것으로 짐작할 수가 있었다. 실제로 유료 비대면 콘서트가 나쁘지 않은 성과를 보였다는 점은 많은 매체를 통해서 그 이후에 알려지게 되었다. 대체재나 보완재가 아니라 하나의 파생 콘텐츠가 될 가능성을 확인할 수 있었다.

한편 무료 콘텐츠 경쟁도 나타났다. 코로나19 사태가 본격 확산하면서 세계적인 연주 단체들이 앞다퉈 자신들의 공연 영상을 무료로 인터넷에 공개했기 때문이다. 예컨대, 베를린 필하모닉은 온라인 콘서트홀에서 폰 카라얀이 이끌던 1960년대 후반부터 최신 동영상 600여 편을 무료로 이용하게 했고, 오스트리아 빈 국립오페라단도 매일 오페라와 발레 한 편을 24시간 동안 무료로 온라인에서 제공했다.

뉴욕 메트로폴리탄 오페라단도 2007년부터 2018년까지 공연됐던 오페라 〈라 트라비아타〉〈연대의 딸〉〈유진 오네긴〉 등을 매일 한 편씩 제공하는가 하면 뮌헨의 바이에른 국립 오페라단은 〈백조의 호수〉의 무관중 생중계 공연을 했다. 해외뿐 아니라 국내에서도 예술의전당, 세종문화회관 등이 공연 영상 콘텐츠를 제공하거나 무료 공연 스트리밍 서비스를 시작했다. 클래식만이 아니라 국악도 마찬가지였는데 서울 돈화문 국악당 등은 취소된 공연들을 온라인으로 생중계했다.

클래식 음악공연들이 대체로 이렇게 무료로 콘텐츠를 제공하거나 라이브 스트리밍을 선보인 것은 클래식 음악에 관한 참여 계기를 만들고 관심을 환기시키기 위해서였다. 코로나19가 예상보다 심각해지면서 사회적 봉쇄령, 즉 셧다운이 내려졌고 집 안에 머무는 시간이 많아졌기 때문에 평소에 잘 보지 않던 이들까지 팬으로 유입시키기 위한 결정이었던 것이다.

대표적으로 베를린 필하모닉은 회원으로 신규가입 후 패스워드에 'BERLINPHIL'을 입력하도록 해서 관객의 외연을 넓히려 했다. 사람들은 돈을 내고 인터넷을 통해 공연을 보지는 않을 것이라는 선입견이 있었다. 공연은 오로지 직접 무대 앞에서 봐야 하는 것이고 그렇게 직접 볼 때 입장료를 낼 것이라는 생각이었다. 따라서 많은 사람들이 무료로 제공해야 한다고 여겼다. 대중음악계에서는 레이디 가가, 빌리 아일리시, 폴 매카트니, 엘튼 존 등의 글로벌 온라인 콘서트 '투게더 앳 홈Together at Home'이 수익을 자선 단체에 기부하겠다고 밝혔다. 무료 콘서트나 기부 콘서트가 이어지는 현실에서 한국의 대중음악계는 새로운 모습을 보여줬다.

한국의 SM은 전격적으로 온라인 공연 '비욘드 라이브 Beyond LIVE'가 유료라고 못 박았고, 티켓 값은 3만 3000 원으로 책정했다. 과연 돈을 내고 인터넷으로 공연을 보겠 는가 하는 우려와 달리 슈퍼엠이 120분 공연을 통해 벌어 들인 돈은 25억 원이나 됐다. 그것도 109개 국가에서 7만 5000명이 동시에 접속해 즐겼다. 이후 NCT 127의 콘서 트는 10만 4000여 명, 슈퍼주니어 콘서트는 12만 3000여 명이 봤다. 매회 20억 원대의 수익이었는데 심지어 슈퍼주 니어는 40억 원대를 넘었다.

이어 앞서 BTS도 유료공연 '방방콘 더 라이브'을 선보 였고, 요금 체계는 세밀해져서 유료 팬클럽 가입자는 2만 9000원, 미가입자는 3만 9000원의 입장료를 내게 했는데 유료 관객 75만 명이 몰려 257억 원의 수익을 기록했다. 10월에 열린 '방방콘 더 라이브'는 191개국에서 약 100만 명이 봤기 때문에 티켓 수익만 약 500억 정도 됐다. 이로 써 온라인 공연은 수익 창출이 안 된다는 선입견을 불식시 키는 모델로 확실히 자리를 잡은 셈이 되었다.

그렇다면 온라인 유료공연의 장점과 차별점은 무엇일 까? 우선 누구나 공연 앞에 동등하고 공정하다. 날씨가 춥거나 더운데 길게 밖에서 기다릴 필요가 없다. 좌석값은 균일하고 차별 없이 공연을 접할 수 있다. 이런 맥락에서 미국 ABC 뉴스는 "여러분은 가장 좋아하는 보이밴드를 보려고 공연장 앞에 줄을 서지 않아도 되고, 비싼 좌석을 구매하는 것을 걱정할 필요가 없다."라고 언급하기도 했다.

참여 관객 수의 제한도 없다. 보통 아레나 경기장은 1만 명 정도의 관객을 받을 수 있고 예외적으로 1만 5000명이나 2만 명의 좌석을 가진 스포츠 경기장도 있기는 하다. 하지만 온라인 공연은 단 한 번의 공연으로 월드투어 전체에 맞먹는 수의 관객을 동원하고 이에 해당하는 공연 수익을 얻을 수 있다.

비용의 절감 효과도 눈에 띈다. 우선 온라인 라이브 중계는 별도의 대관료를 지출하지 않아도 되기 때문에 티켓 매출의 8%에 이르는 비용을 절감할 수 있다. 예컨대, 티켓 값이 10만 원이고 관객 수가 1만 명이라면 대관료 8000만 원을 아낄 수 있는데 100만 명 온라인 관객을 동원한다면 오프라인 공연 10회의 8억 원의 대관 비용이 들지 않게 되는 셈이다. 온라인 중계를 하지 않는다면 더욱 부담이 덜하다. 현장 콘서트에 필요한 공연 장비, 교통비, 체류비도 사용되지 않는다. 음향을 증폭시킬 필요가 없으므로 음향장

치들이 없어도 되며, 관객이 없으므로 안전요원, 보안요원
도 필요 없이 최소 정예 운영 인력만 들이면 된다.

온라인 공연에서도 시각적 효과를 통해서 풍부한 감흥
을 불러일으킬 수 있다. 음향기기보다는 화려한 조명을 통
해서 시각적 효과를 풍부하고 다채롭게 구사할 수 있다.
시각적 테크놀로지의 향연으로 홀로그램은 물론 가상현실
VR, 증강현실AR, 그리고 3D 혼합현실MR이 무대 콘서트
와 융합할 수 있다. 이른바 최고의 컬처 테크놀로지를 통
해 현실과 비현실을 오가는 체험이 가능해진다.

또한 멀티뷰 화면도 달라질 수 있다. 예컨대, '방방콘
더 라이브'는 여섯 개의 생중계 카메라로 멀티뷰 화면을 구
성했다. 여러 각도에서 공연을 볼 수 있는 장점이 있다. 개
인의 선택과는 무관하게 여러 각도의 화면이 제공될 뿐이
었던 기존의 공연과는 달리 자신이 원하는 화면을 자유자
재로 선택할 수 있는 인터랙티브 모바일 문화를 함의한다.

무엇보다 온라인 유료공연에서는 팬들과 쌍방향의 소
통이 더 깊게 이뤄진다. BTS는 그들의 방으로 팬들을 초
대하는 형식을 취했을 뿐만 아니라 다양한 국가들의 팬들
과 함께 일대일 소통을 할 수 있었다. 무대의 전면에는 수
없이 많은 팬이 분할화면을 통해 등장함으로써 마치 현장

에서 공연을 보는 듯한 효과를 준다. 비록 현장에는 없을지라도 함성과 응원의 목소리가 전달되기도 한다. 수백 명의 랜선 응원단의 구성도 가능하다. 아울러 응원봉과 아이돌의 움직임이 연동돼 반응하도록 해 상호 소통성을 강화하기 때문에 관객과 팬의 몰입을 끌어낼 수 있다. 앞으로 증강현실과 가상현실 등 5세대 콘텐츠를 이용한 응원 소통도 가능해질 전망이다.

온라인 유료공연은 단순히 아이돌 그룹의 유명세에만 의존하는 것이 아니라 독자적인 콘텐츠를 통해 차별화를 달성하고 있으며 이는 공연업계의 중요한 경쟁력이 될 것이다. 어느 날 갑자기 이뤄진 것이 아니라 지난 10년간 착실하게 경험과 노하우를 쌓아온 결과이기 때문이다.

일부에서는 온라인 공연이 오프라인 공연에 못 미친다는 지적을 한다. 이유는 티켓 가격은 저렴하고 공연 횟수가 제한적이며 MD 판매 수익을 올릴 수 없기 때문이라고 한다. 하지만 전혀 공연하지 못하거나 객석 수를 절반으로 줄여야 하는 코로나19 상황이라면 대안이 될 수밖에 없다. 적어도 케이팝이 세계에 진출할 수 있었던 것은 음악 유통 구조가 모바일로 이동했기 때문이라는 점을 생각해보면 유의미한 대안이다.

온라인 유료공연이 차별화를 통해 경쟁력을 확보해 나
간다면, 팬데믹 이후에 문화 폭발 시대를 맞아 더욱 활발
한 한류 현상을 만들어낼 것이다. 지금은 문화 화산 폭발
전에 어두운 지각 밑에서 컬처 마그마가 만들어지고 있는
시기다. 대형 기획사만이 아니라 중소형 기획사나 제작사
들이 이러한 대열에 동참할 수 있게 정책적 지원과 지지가
필요하다. 무엇보다 온라인 공연 플랫폼의 독자적 구축을
통해 세계 온라인 공연의 중심을 한국으로 확립해야 한다.
온라인 유료공연 플랫폼에 국가가 나서야 할 이유다.

케이팝

비즈니스 허브

한 TV 프로그램에서 BTS를 비평한 적이 있다. 그 방송은 많은 조회 수를 기록하며 관심을 받았다. 멤버들이 흙수저 아이돌이라는 점을 강조하면서 대형기획사들이 어떻게 아이돌 그룹을 구성하고 운영해왔는지 적나라하게 지적했기 때문이다. 그들은 기존의 대형기획사 카르텔과 벌이는 전투 같은 상황에서 글로벌 팬덤에 힘입어 결국 승리를 가져갔다. 그 순간을 넘어서면 다른 아티스트들이 그러했듯이 자기와 싸움을 벌여야 한다. 이제는 자기와 싸움을 벌이더라도 어디서 싸워야 하는지가 중요할 것이다. 그것은 모든 케이콘텐츠 창작자들에게 다 해당하는 일이다.

BTS는 이미 자기와 벌이는 싸움을 하고 있다. 이를 바로 보여주고 있는 현상이 빌보드 차트 1위에서 자신의 곡을 이긴 일이다. 신곡 〈퍼미션 투 댄스Permission to Dance〉는 7주 연속 1위를 차지하고 있던 〈버터Butter〉를 밀어내고 새롭게 1위를 차지했다. 이렇게 1위, 2위를 자신의 곡으로 채우는 일은 확실하게 팬층의 존재를 의미한다. 어쩌다가 1위를 한 것과는 차원이 다르다. 이렇게 1, 2위를 자신의 노래로 빌보드 차트를 채운 것은 2018년 드레이크 이후에 3년 만에 처음 있는 일이었고, 더구나 다섯 곡을 10월 2주 만에 1위에 올린 기록도 마이클 잭슨 이후 33년 만에 처음 있는 일이었다.

아무도 BTS가 이런 현상을 만들어낼 줄 몰랐다. 아이돌 음악에 대한 편견과 질시가 대한민국의 음악 풍토에는 만연했었다. 우리는 이를 어떻게 받아들여야 할까. BTS의 성취는 음악 유통 구조가 근본적으로 바뀌었다는 점 때문에 가능했다. 음악은 기존의 음원 사이트도 아니고 SNS를 통해서 소비된다. 특히 이를 파고든 것이 뮤직비디오 전략이었다.

이들은 '고퀄리티'의 뮤직비디오를 완성도 있게 만들어 누구나 즐기게 했다. 매혹된 리스너들은 다른 곡들도 찾아보게 되며 마침내 돈을 지급하고 음악을 소비한다. 물론 자신이 마음에 들어 하는 노래는 다른 이들과 공유하고 싶어 하게 돼 SNS를 통해서 노래는 물론이고 자신이 다시 찾은 콘텐츠를 공유한다. 단지 수동적인 음악 이용자가 아니라 능동적으로 음악을 발견하고 가치를 부여하는 콘텐츠 마이너, 즉 디지털 콘텐츠 채굴자가 되는 것이다. 이런 현상을 위해서는 상당한 브랜드 효과가 필요한데, 특히 팬덤 효과가 강력하게 응집해야 한다. 그리고 여기에는 스토리텔링이 주효하게 작용한다.

BTS는 특히 온갖 어려움을 당한 흙수저 아티스트의 역경 스토리로 전 세계 젊은 세대에게 어필할 수 있었다. 더구나 또래를 대변하는 음악과 가사, 그리고 소통 담론은 진실성에 바탕을 두어 절대적 가치를 형성해갔다. 음악은 단지 노래나 가사로 소비하는 것이 아니라 아티스트의 세계관이나 정신적 가치로 사랑한다는 점을 다시 한 번 인식시켰다.

당연히 그 세계관의 정신적 가치를 공감하지 못하는 이들은 가치 절하를 할 수밖에 없다. 그러나 가치 절하를

당할수록 팬덤은 더욱 공고해진다. 이렇게 강력해진 팬덤은 모바일 문화가 진전될수록 더욱 강한 음악 플랫폼 역할을 한다. 겉으로는 SNS로 보이지만 경영학적으로는 팬 커뮤니티 비즈니스 모델을 형성하게 되는 것이다. BTS는 이제 세계적인 아티스트이며, 세계 대중음악의 중심이라고 할 수 있다. 참신한 음악 감각을 가진 전 세계의 창작자들과 컬래버레이션을 하고 있기 때문이다.

케이팝은 세계 대중음악의 플랫폼 역할보다는 허브 역할을 한다고 할 수 있다. 이른바 디지털 허브 효과다. 플랫폼은 정거장이라는 뜻에서 파생했기 때문에 무엇보다 이동성, 들고 나간다는 점이 두드러진다. 허브는 네트워크의 중심성이 매우 강하다. 단순히 콘텐츠가 들고 나는 플랫폼은 초기 인터넷 포털의 운명처럼 된다. 네이버가 라이브를 강화하거나 넷플릭스가 오리지널 콘텐츠 확보에 사활을 거는 이유는 단순 플랫폼이 아닌 허브로 자리매김하기 위한 전략이다.

그렇기에 케이팝에서는 문화적 허브 역할에 필요한 기획, 창작, 마케팅 전략과 함께 책임 의식과 실천도 중요해졌다. 세계의 수많은 드리머들이 자신들의 꿈을 실현할 수 있는 장을 마련할 수도 있을 것이다. BTS가 자기의 곡들,

나아가 지금까지 해온 활동들과 경쟁을 벌이는 과정은 우리 자신들과 벌이는 싸움이기도 하다. 케이팝만이 아니라 한국 사회가 마주친 숙명을 핍박받던 아이돌 음악이 다시금 일깨우고 있다.

절반의 좀비,

케이 좀비의 새로운 지평

어린 시절 손바닥으로 눈을 가리면서도 손가락 사이로 보고 싶었던 방송 프로그램이 있었다. 드라마 〈전설의 고향〉이다. 이 드라마에서 단골로 나오는 캐릭터가 처녀 귀신이었다. 간혹 납량 특집으로 방영해주는 〈귀곡성〉 같은 영화에서도, 그리고 전설을 담은 책에서도 신관 사또가 부임할 때마다 나타나는 귀신이 처녀 귀신들이었다.

그런데 이런 드라마나 스토리를 접할 때면 의문이 든다. 살아 있을 때는 매우 약하던 사람이 죽으면 강력한 초능력을 갖게 되고 심지어 불멸한다. 이렇다면 억울한 약자들은 죽어서 초능력을 갖고 복수하는 게 낫지 않나 싶다. 물론 말도 안 되는 생각이다. 어차피 모두 허구이고 픽션이기 때문이다. 그런데 여기에서 한국 공포물의 특징을 볼 수 있다. 한국 공포물은 어느새 서양과는 다른 동양적 세계관을 가지게 된 것이다. 서양에서는 주로 이분법적인 세계관에 따른다. 괴물이거나 정체불명의 살인마가 공포를 주는 악당으로 등장한다.

한국의 공포물에는 약자들의 원혼이 등장하고, 이들이 이생의 한을 풀기 위해서 복수를 감행한다. 그런데 그 복수의 실행자가 대개 여성이다. 그것도 젊은 여성들이다. 젊은 여성 중에서도 결혼을 하지 않은 이른바 처녀 귀신이 등장한다. 대중성과 상업적인 관점에서 젊은 여성을 등장시켜야 유리하기 때문일 수 있지만, 민속학과 여성주의 관점에서 분석해봐도 나름의 이유가 있다.

전통 사회에서 젊은 여성은 약자 가운데 약자다. 여성들이 일단 약자인데, 자기 가족을 이뤄 분가하지 못하고 자식을 갖지 못한 여성은 더욱 약자라고 생각했다. 더구나 그러한 약자가 억울한 죽임을 당하면 더욱 원통할 수밖에 없다. 그래서 죽음 뒤에 원혼이 되어 복수에 나서는 이들이 약자들의 대표성을 가진 캐릭터가 된 셈이다.

이러한 문화적 계보는 1990년대 〈여고괴담〉 시리즈에서도 이어진다. 우리 사회에서 약자 가운데 하나는 청소년 학생들이고 그들의 공간이 학교라는 점에 착안한 영화 시리즈다. 1998년에 첫 작품이 개봉했을 때 뜨거운 반응을 얻었다. "내가 아직도 네 친구로 보이니?"라는 홍보 문구조차 학생들 사이에서 크게 유행했다. 서구에서는 아마도 고스트가 밖에서 들어올 것이고 안에 있는 구성원들은 이를 퇴치하기 위해서 분투할 것이다. 하지만 한국의 괴담은 밖이 아니라 안에서 발생한다. 귀신을 만드는 것은 학교 내부다. 가장 편안하고 가장 보호받아야 할 공간인 학교에서 어린 학생들을 원혼으로 만드는 구조와 당대의 사회적 모순을 지적하는 주제의식은 좋은 평가를 받을 만했다.

이런 한국 사회의 원혼 이야기는 세계적인 흥행작으로 떠오른 〈지금 우리 학교는〉으로 이어지고 있다. 학교라는 공간의 역설, 가장 안전하고 보호받아야 할 약자의 피신처이자 미래 세대의 인큐베이터가 좀비의 배양 공간이 되어버리는 현실은 한국의 원혼 문화 철학이 어떻게 서양 좀비 영화의 이분법적 세계관을 뛰어넘을 수 있는지 잘 보여주었다.

한국은 OECD 국가 가운데 결핵 환자 1위 기록을 유지하고 있다. 그런데 결핵 환자의 상당수가 학교에서 발생한다. 학교는 개인의 의사와는 관계없이 의무적으로 다녀야 하고 의무 수업 일수와 시험을 통과해야 한다. 집단생활에서 개인의 취향과 선택은 제한되고 억제된다. 여기서 집단적 약자의 성격이 형성된다. 주체적인 판단과 결정을 할 수 있는 역량을 갖춰가지만, 인정이나 존중을 받지는 못하는 피동적인 존재로 규정되는 것이다. 그 과정에서 약자적 인식이 만들어지기 시작한다.

고등학생은 성인과 청소년의 중간계라고 할 수 있다. 이는 왕이 되기 전인 세자가 '케이 사극'의 단골 캐릭터가 되고 대중문화의 중심 아이템이 된 지 오래인 것과 관련 있다. 완전히 어느 범주에 들어가지 못하고 애매한 중간 위치에 있는 존재는 고통과 번민을 동시에 겪기 마련이다. 어느 곳에 끼지 못하는 어중간한 존재들은 위험 상황에 닥치게 되면 더욱 그 약자성이 두드러지게 된다. 하지만 중간계의 잠재력도 있다. 자신들을 억압하는 기제들을 물리치고 미생에서 완생으로 성장하기 위한 과정을 잘 겪어낼수도 있다.

드라마 〈지금 우리 학교는〉은 좀비물이지만, 독특하게

도 학교를 배경으로 10대들의 고군분투를 그려내고 있다. 좀비 바이러스가 창궐한 첫 발생지를 뒤늦게 알게 된 후에도 정작 구조 작업은 이뤄지지 않는다. 그 사이에 이미 학교에는 좀비 바이러스가 다 퍼져서 이미 학생들은 거의 모두 좀비가 되어버린다. 끝내 기성세대는 그 학교에 폭탄을 투하해버린다.

10대들이 좀비를 선호하는 이유는 자신들의 처지와 비슷하기 때문이다. 어쩔 수 없이 쓸모없는 인간이 되는 상황에 몰려 이성적, 합리적 차원의 고등 사고를 못하고 오로지 본능만 있는 시체 같은 삶이 강요되는 사회경제적 환경에 대한 두려움과 공포가 좀비에 잔뜩 투영되어 있다. 집단생활을 어쩔 수 없이 해야 하는 학생들의 절박함도 반영되어 있다. 스마트폰의 압수가 상징하는 통신의 자유 박탈이 존재하는 열악한 교육 환경 속에서 학생들의 정신은 위험해질 수 있다. 그래서 학교는 좀비의 시작점이 된다.

이 드라마에는 등장인물 10대들의 사랑도 잘 드러나 있다. 누가 누구를 좋아하는지, 사귀게 될지 등 로맨스 관계가 중심이 된다. 사람다움을 보여주는 설정이지만 좀비 창궐로 그들의 로맨스는 이뤄질 수 없는 비극적 사랑 즉, 멜로가 된다. 그 때문에 이 또한 한국적 신파의 흐름이 되어버린다. 좀비 때문에 풋풋한 사랑조차 할 수 없는 10대들의 삶은 안타깝다는 생각마저 들게 한다. 물론 감정선을 강화하니 서사가 좀 늘어진다는 평가도 나온다. 하지만 그들의 정서와 감정에 몰입한다면 이 또한 그렇게 흠이 되지는 않는다. 오히려 이런 감정과 정서 속에서 좀비가 되지 않기 위한 사투가 더 눈길을 사로잡을 뿐이다. 비록 집안이 가난하거나 부자여도 마찬가지다. 사회·문화적인 분별과 차이는 좀비 창궐의 공간에서는 의미도 가치도 없는 상황이 된다. 좀비 환경에 놓이면 누구나 본능만 남게 되어 다른 살아 있는 존재를 해치게 된다. 인간도 시체도 아닌 제3의 존재가 되는 것이다.

케이 좀비는 사회적 맥락과 공공의 담론 속에서 탄생한다. 개인의 자유의지를 박탈하는 상황에 놓이게 될 때 개인들은 좀비가 되고 좀비가 된 개인들의 급속한 이탈은 국가를 붕괴시킬 수 있다. 그 시작점을 다른 곳이 아닌 미래 세대가 타율적으로 살아가야 하는 학교로 그리고 있다는 점에서 〈지금 우리 학교는〉은 신기원을 이룬 셈이다. 한국뿐 아니라 전 세계 청년들이 그러한 잠재적 공포 속에 있다는 것은 대단히 불행한 일이다. 그 속에서 의식으로 바이러스를 통제하려는 '절반의 좀비'의 탄생은 케이 좀비

콘텐츠가 중간계의 재再 중간계로서 새로운 경지를 열어 가는 모습과 닮았다. 재 중간계 종족의 탄생은 문화적으로 나 콘텐츠 관점에서도 앞으로 지속 변화하면서 새로운 진 일보를 이뤄내야 할 것이다.

메타버스와 NFT,
한국이 선도하는 이유

　　미래 연구를 하는 분들과 함께 작업을 한 지 10
여 년이 되었다. 그런데 미래에 파격적이고 원천적인 변화
가 일어날 것으로 전망할수록 연구자로서 할 일을 하는 것
으로 생각하는 경향이 있다. 프런티어처럼 미래를 개척해
야 한다는 담론을 만들어내는 것이 선지자의 역할 또는 천
재적인 행동이라고 생각하고 행동하는 경향이 누군가에게
는 불편함을 줄 수도 있다. 그러한 점은 일반 산업이나 기
업계 나아가 정부 사업에서도 공통으로 나타난다. 미래를
위한 일이 황당한 연구나 사업이 되지 않으려면 확실한 요

구와 수용자가 존재해야 한다. 일단 많이 언급되고 있는 메타버스와 NFT Non-Fungible Token 등을 한번 살펴보자.

한때는 유니버스universe가 유행하더니 2021년 이후에는 메타버스로 갈아탄 모양새다. 아무래도 코로나19 팬데믹이 촉발 작용을 한 셈이다. 코로나19는 새롭게 현상을 만들기보다는 기존에 잠재돼 있던 것들을 수면 위로 드러내는 데 크게 이바지했다.

코로나19 이전에는 유니버스가 세상에 대한 가치관을 바탕으로 했다. 노래와 춤, 퍼포먼스는 물론이고 모든 소통 활동 자체의 기반이 유니버스에 있었다. 하지만 코로나19로 비대면 상황이 강화되면서 중심축은 유니버스에서 메타버스로 이동했다. 유니버스가 우주를 포괄한다고 해도 물리적 공간에 중심을 둔다면 메타버스는 세계와 우주를 가상과 초월적 공간을 막론해 구성한다. 별도로 또 하나의 세계를 스스로 만드는 것이고 이것이 가능해지는 정보통신 기술을 기대하고 있다. 가상현실, 증강현실, 혼합현실은 모두 장자의 호접몽胡蝶夢과 같은 하나의 세계로 통합된다.

1992년 닐 스티븐슨Neal Stephenson의 소설《스노 크래쉬Snow Crash》에서 등장한 메타버스는 제임스 캐머런 감독의 영화 〈아바타Avatar〉(2009)에서 생생하게 영상화된 적이 있다. 그런데 이때는 메타버스보다는 아바타라는 캐릭터에 더 초점이 맞춰졌다. 2003년 가상현실 서비스 '세컨드 라이프second life'가 아바타에 주로 초점을 맞췄다면 2010년 블록체인 기반의 가상현실 플랫폼인 '디센트럴랜드Decentraland'는 공간에 초점을 맞췄다.

영화 〈아바타〉가 판도라라는 행성 속에서 별도의 세계를 구축한 것을 생각하면 그 매력을 짐작할 수 있다. 다만 '디센트럴랜드'는 우주로 가지 않고 도시국가로 이동했다. 가상공간이기는 하지만 싱가포르의 6배에 이르는 확장성을 구축했다. 이곳에서는 블록체인 기술을 활용해 부동산 거래를 할 수도 있고, 구매한 공간에서 박물관이나 미술관을 운영하며 입장 수입을 받을 수도 있다. 만약 콘서트 공간을 임대해서 공연한다면, 입장권을 팔 수 있고 팬들은 자신이 좋아하는 케이팝 아이돌 공연을 볼 수도 있다.

지급 화폐는 NFT를 활용한다. NFT를 가진 사람만이 공연을 볼 수가 있으므로 중고거래 사이트를 통한 매크로를 활용한 암표 판매라든지, 재판매들의 부당한 이익 편취가 불가능해질 것이다. 릴 나스 엑스Lil Nas X 같은 뮤지션이 메타버스를 활용한 사례가 있는데 이는 시작에 불과하다.

코로나19 확산을 통해서 사회 전 분야가 타격을 입었고, 이 가운데에서 케이팝처럼 온라인 유료공연을 통해 낭중지추처럼 견디거나 새로운 돌파구를 찾은 분야도 있다. 온라인 유료공연은 이제 메타버스로 확장하며 새로운 뉴노멀이 될 수 있을지 시험대에 있다. 다만 뉴노멀이 되려면 전제조건이 있다. 가상과 현실의 이분법적인 구도에서 벗어나 하나의 세계로 통합돼야 한다. 유니버스와 메타버스는 분리되는 것이 아니라고 보고 유니버스를 우선 전제하거나 그것을 토대로 구축해야 한다. 미래지향적인 문화심리의 이상적 제시와 공간적 실현화 측면에서 최근에 열풍이 불고 있는 팬 커뮤니티 플랫폼의 고도화가 메타버스일 수 있다. 기술적으로 완벽을 기해야 하는 것은 물론이고, 무엇보다 암호화폐가 사용된다는 점도 유의해야 한다.

한편으로 만리장성의 역설에 빠지지 않도록 해야 한다. 팬들을 도시국가의 핵심 구성원으로 폐쇄할 경우 확장성이 줄어들고 다양성은 훼손되기 때문에 문화적 추동력이 떨어질 우려는 언제나 존재한다. 매트릭스는 그 구축자들에겐 편하지만 자유를 꿈꾸는 이들에게는 숨막힐 수밖에 없다.

인간은 여전히 두 발로 땅을 짚고 있다. 디지털 호접몽은 장자의 호접몽과 다를까? 물 들어왔다고 노를 저으며 비즈니스 모델로 도전하는 사람들이 증명할 일만 남았다. 여기까지는 그럴듯한 시나리오다. 당장에 이를 구현할 수 있는 곳은 한국의 케이팝밖에 없어 보인다. 많은 결핍과 미비함에도 그것을 용인하고 감내하면서 응원을 보내고 지지한 여력을 가진 집단은 케이팝 팬덤이 유일하지 않은가.

케이콘텐츠, 그 너머

3부

〈더 글로리〉가 보여준

케이콘텐츠의 정체성

훌륭한 작가, 적어도 많은 이의 공감을 얻는 작가는 자기 치부의 노출을 마다하지 않는다. 이 노출에는 상당한 용기가 필요하다. 그 용기는 주변의 눈치나 시선을 넘어설 때 나올 수 있다. 콘텐츠를 창작하는 이들도 마찬가지다. 케이콘텐츠는 진짜 한류가 아니라며 진짜 한류를 보여주겠다는 사람들이 있다. 그들은 이런 점을 간과한다. 주로 한국의 전통문화를 강조하며 이를 이른바 케이 스타일이라 일컫는 그들에겐 하나의 특징이 있는데 바로 긍정적이고 밝은 면만 강조하는 점이다. 그것이 심해지면 사람들은 '국뽕'이라고 한다. 그런데 세계적으로 한류가 주목받는 이유는 한국의 치부조차 드러내는 것을 마다하지 않아서다. 왜냐하면, 그것은 세계인 모두의 치부에 해당하기 때문이다.

영화 〈기생충〉이나 〈오징어 게임〉 같은 콘텐츠가 인기를 끌자 불편해하는 이들이 있었다. 이유는 한국의 모습이 세계에 부정적으로 알려질까 봐 불안해서다. 물론 한국의 빈부격차나 금융 모순을 지적하는 외신들이 있었다. 하지만 《뉴욕타임스》나 《워싱턴포스트》 등은 한국만이 아니라 미국을 비롯한 세계의 많은 나라에서 관찰되는 부의 양극화와 불균등 문제가 영화 〈기생충〉이나 〈오징어 게임〉 등을 주목하게 했다고 봤다.

드라마 〈더 글로리〉 역시 세계적으로 주목받으면서 한국의 학교가 폭력이 난무한 곳으로 보일까 염려하는 이들이 있을 법하다. 하지만 사회적 이슈에 관해 세계적 마중물 역할을 하고 있다. 그 이슈는 바로 학교폭력(학폭) 고발이다. 태국에서는 이 드라마 때문에 학폭을 고발하는 운동이 벌어지고 마침내 대중적 인기스타가 학폭 가해자임을 자인하는 사례까지 나왔다. 더구나 인상적인 점은 학폭의 핵심 원인을 지적하는 것이었다. 〈우리들의 일그러진 영웅〉과 같은 교사-학생의 문제도, 〈말죽거리 잔혹사〉와 같이 학교-학생의 문제도 아니며 '일진' 시리즈처럼 조폭 세력이 연계된 액션영화류도 아니었다. 학폭의 원인이 부의 대물림과 그것의 확장 욕망에 있음을 웅변한다.

그런데 드라마 〈더 글로리〉가 주목받는 것은 영화 〈기생충〉이나 〈오징어 게임〉과 다른 점이 있다. 영화 〈기생충〉이나 〈오징어 게임〉 등은 빈부격차, 양극화를 언급하지만 주인공이 문제에 관해 직접 능동적인 행동에 나서지는 않는다. 〈돼지왕〉이나 〈지금 우리 학교는〉 등은 검정교복 시대에서 양장교복 시대로 넘어오긴 했지만 여전히 주먹으로 대응하는 자력구제 방식이다.

내밀한 학폭의 상처에 집중하는 〈더 글로리〉는 여성적 방식으로 직접 복수에 나서는데 이는 단지 개인에 대한 복수이기도 하지만 계층적 카르텔을 무너뜨리는 방식이다. 이를 상징하는 것이 바둑이다. 자기 집을 확장해 상대방의 집을 허물고 자신의 집으로 만드는 게임을 학폭문제에 적용했다. 학폭이 무서운 것은 피해자들이 집을 만들 기회조차 철저히 파괴하고 가해자의 이익에 희생된다는 점이다. 주인공 문동은(송혜교 분)의 장래 희망이 건축가였다는 설정인 이유다. 〈더 글로리〉에서 그것을 용인하는 공간은 학교 시스템이지만 근본은 부의 세습과 사회적 평판을 위한 가족주의였다. 그들만의 견고한 집이 다시 누군가의 집을 무너뜨려 버리므로 드라마는 집의 해체와 재건이라는 전혀 다른 방식으로 문제해결을 시도한다.

드라마 〈더 글로리〉가 훌륭한 작품이라고 찬양할 필요는 없다. 핵심은 케이콘텐츠가 왜 세계적으로 주목받는가다. 그 요인은 용기며 능동성, 그리고 이제 젠더다. 우리 스스로 민낯을 드러내며 좀 더 나은 세상을 위해 화두를 던지는 것, 그것은 아시아에서 어느새 한국만이 할 수 있게 됐다. 표현의 자유에 관한 민주주의가 보장되는 한 불편한 진실을 대중적 수용력으로 전달하는 노력은 계속돼야 한다.

〈오징어 게임〉에
현재와 미래가 있다

사실 〈오징어 게임〉이 처음 나왔을 때 별로 기대하지 않았다. 더구나 넷플릭스 드라마는 한꺼번에 공개되기 때문에 정주행해서 봐야 한다. 1화를 보자마자 내가 이걸 왜 봐야 하나 싶은 생각이 절로 들었다. 하지만 2화, 3화로 넘어가면서 누군가를 응원하게 되었다. 잔인한 장면은 부차적이고 그 속에서 어떻게 어떤 방식으로 살아남는가가 중요해 보였기 때문이다.

이 드라마는 세상의 민낯을 드러내고 싶었을 것이다. 보통 상금을 내건 게임을 하고 있지만 겉으로 보기에 목숨을 내걸지는 않은 것처럼 보인다. 그러나 456억이라는 상금 액수는 사람을 매혹시킬 만하다. 이 드라마에서 충격적인 것은 게임의 잔혹함이다. 게임에서 탈락하는 사람은 바로 총을 맞고 목숨을 잃기 때문이다. 더구나 단순한 게임에 불과한데 사람 목숨을 빼앗을 줄은 아무도 몰랐을 것이다. 어린 시절 즐기던 '무궁화 꽃이 피었습니다'와 같은 게임에서는 술래에게 걸려도 다시 하면 되지만 드라마 〈오징어 게임〉에서는 가차없이 목숨이 끊어지고 화장된다. 어디에서 어떻게 목숨을 잃고 화장되는지 가족에게도 알려지지 않고 세상에서 사라지고 만다. 학교 앞 추억의 달고나 뽑기 놀이에서 정해진 시간 안에 그림 모양대로 오려내지 못하면 총살을 당한다.

참가자들 또한 처음에는 충격적인 게임에 혼란스러워한다. 충격과 공포에 심지어 투표로 게임을 중단하기도 한다. 하지만 그들은 다시 게임에 참여하게 되고 혹시 모를 상금에 대한 기대감으로 게임에 적응해간다. 견물생심일까? 아니, 그들은 선택사항이 없을 만큼 비참한 지경에 놓여 있기에 적응할 수밖에 없다. 돈이 눈앞에 쌓이는 것을 직접 봐서이기도 하겠지만 이렇게 위험한 게임에 나서는 것, 즉 목숨을 내놓는 것은 어차피 사회로 돌아가도 불행과 고통에 높일 사람들이기 때문일 것이다. 게임은 공정하게 기회를 준다고 하지만 결국 한 사람이 상금을 차지하고 455명은 목숨을 잃고 만다.

사실 게임은 극적 효과를 노린다. 위기 상황에 빠지게 되면 인간이 얼마나 이기적인지 보여주려 한다. 한편으론 세상에 아직도 사람이 선한 존재라고 철석같이 믿는 사람들이 많다는 것도 보여주는 듯싶다. 추억의 달고나 뽑기에서는 자신의 노하우로 다른 이들을 살려내는 성기훈(이정재 분)의 모습을 보며 따뜻한 정서를 느낄 수 있다. 혼자만 살아남는 것이 아니라 다른 이들과 같이 살아남을 수 있는 방법이 있을 것이다. 개인적인 선한 영향력만이 아니라 자신이 속한 집단도 현명하게 숙의하고 협력할 수 있을 듯싶다.

각 팀 집단이 줄다리기하며 생존을 모색하는 게임 라운드는 그래도 훈훈한 공동체성이 묻어난다. 그러나 그것이 극적 재미를 주는 데 사용된 것임이 곧 드러난다. 구슬치기처럼 가장 사랑하는 사람과 대결을 벌여야 하는 상황도 닥친다. 앞에서 모두 단합해야 했고 이 때문에 가장 아끼는 사람이나 선호하는 이들을 선택했지만 곧 죽기 아니면 살기, 즉 가장 좋아한 사람의 목숨을 빼앗는 일로 이어진다.

사실 이 게임은 참여자들이 매우 불리하다. 게임 라운 드가 어떻게 진행될지 전혀 알 수가 없기 때문이다. 팀을 짜거나 번호를 잘 선택해도 그것이 자신에게 어떻게 유리할지 알 수 없다. 공정과 기회라는 말은 처음부터 허구에 불과하다. 더구나 게임판을 만든 이가 직접 플레이어가 되고 생존자에 영향을 미치는 것도 그렇다. 어쩌면 그것이 공정한 룰은 허구라는 현실을 보여주는 것일 수 있다.

게임판의 운영자들은 말한다. 너희들은 말이라고. 성기훈이 경마장에서 돈을 걸던 그 말이 바로 자신이 된 셈이다. 여기에서 두 인물이 극단적으로 대비된다. 고교 졸업 후 자동차 제조 회사에서 근무하다가 쫓겨난 성기훈과 서울대 경영학과를 졸업하고 증권 회사에서 잘나간 투자 팀장 상우(박해수 분). 어린 시절 같이 오징어 게임을 하고 동네에서 놀던 그들은 학벌의 차이, 육체노동과 정신노동, 제조업과 금융업의 차이 등을 대변한다. 인간미 넘치는 성기훈이나 냉철하고 합리적인 상우도 결국에는 자본이 많은 이들의 말에 불과하다.

사람이 죽을 때마다 투명 돼지 저금통에 몇 억씩 적립이 되는 것은 하나의 상징이다. 도박이거나 주식으로 얻는 수익도 다른 이들의 피땀 어린 돈이 쌓인 것들이다. 비단

도박이나 주식뿐일까. 우리는 알게 모르게 누군가의 희생과 헌신의 대가로 살고 있다. 그것을 모르거나 알아도 모르는 척하고 있는 것이다. 저임금에 중노동을 하고 화학물질에 노출되면서도 제품을 생산하는 이들 덕분에 우리가 생활과 경제를 유지하고 있다. 가족 중 한 명이 자신의 생명을 태우면서 만든 대가를 누리면서도 그것을 인식하지 못하기도 한다. 다만 직접 총알에 목숨을 빼앗기는 장면이 눈앞에 펼쳐지지 않을 뿐이다.

자발적 동의와 선택이 금융 자본주의와 만나게 될 때 얼마나 파격적인 결말을 낳을 수 있는지 우리는 이 드라마를 통해 짐작할 수 있다. 모든 것을 스스로 선택할 수 있는 자유가 있는 듯싶지만, 그렇게 보일 뿐이다. 자기가 선택한 것으로 여기기 때문에 핑계조차 대지 못한다. 어쩌면 오징어 게임을 제일 반대하는 이들은 그들에게서 빚을 받아내야 하는 이들일 것이다. 아마도 빚쟁이들 중에는 지구 끝까지 쫓아갈 이들이 많을 테니까 말이다.

그래도 이 드라마에 묻고 싶은 게 있다. 부자들은 이 게임판에서 아무도 다치지 않는다. 결국 을, 아니 병이나 정에 해당하는 사람들만이 서로 아귀다툼을 하다가 생명을 잃고 불태워진다. 아무도 슬픔을 표하지 않는 와중에 그들은 사라진다. 그런데 이런 일이 어디 드라마로 제작될 만큼 희귀한 일이던가. 언제 어디서나 만연해 있기에 애써 일깨워주지 않아도 대중은 몸으로 이미 알고 있다.

충격적인 다크호스 캐릭터는 사는 게 재미없다고 하는 것이 부자들과 가난한 사람들의 공통점이라고 했다. 그래서 재미없어 하는 가난한 이들을 부자들이 게임판에 불러들이는 것일까. 그들이 잘못한 것이라면 한 번에 일확천금을 가질 수 있다는 말에 흔들렸다는 점뿐이다. 그 때문에 목숨을 잃는다는 것에 쉽게 동의할 수 없지만, 그 또한 세상의 메커니즘일 수 있다. 대다수 사람은 아무리 어려워도 이런 게임에 참여하지는 않을 것이다. 이 게임이 성립하려면 보통 이하의 사람들이 우글거려야 하니 다양성을 포진시킨 것 자체가 작위적이다. 게임의 성립 조건과 전제 변수가 틀린 것이다.

마지막으로 성기훈이 인간적인 모습으로 임한다고 해서 그를 도와주는 존재가 있을 리는 없다.

한국,

'콘텐츠 대국'이 되는 이유

2022년 2월 베이징 동계올림픽에 관해 한 방송사가 〈중경삼림〉 같은 홍콩 영화들을 패러디했다가 곤욕을 치렀다. 사실 이런 영화는 홍콩의 중국 반환을 앞두고 겪는 중국 청춘 세대들의 세기말적 우울을 반영하고 있기 때문이다. 그런 영화들이 세계적으로 주목받던 때가 홍콩의 대중문화 전성기였다. 물론 지금은 홍콩에서 그러한 면모를 찾기는 힘들다. "한류가 홍콩처럼 되지 않을까요?" 혹은 "한류가 홍콩처럼 되지 않으려면 어떻게 해야 할까요?"라는 질문을 많이 받아봤다. 과연 한류는 그러한 홍콩의 운명을 따라갈까? 아닐 것이다.

한류 4대 천황은 2000년대 일본에서 인기가 있는 한국 남자 배우 4인, 즉 배용준, 장동건, 이병헌, 원빈을 가리키는 말이었다. 이후 2010년대 들어서 신한류 4대 천황이 등극했는데 이민호, 김수현, 이종석, 송중기다. 중화권에서는 5대 천황을 꼽기도 한다. 원래 이 4대 천황은 홍콩 배우 네 명을 지칭한 데서 비롯했다. 즉 1990년대 홍콩 스타 4대 천왕 유덕화, 여명, 곽부성, 장학우다. 하지만 더는 홍콩에서는 4대 천황이 탄생하지 못한다. 자유롭게 창작을 하던 토대는 이미 오래전에 사라졌기 때문이다. 무엇보다 중국에 홍콩이 귀속된 것이 결정적이다. 2020년 중국은 홍콩에 대해 보안법을 시행했고 선거법도 바꾸었기 때문에 사정은 더욱더 어려워졌다.

홍콩을 한국이 대체한 지 오래다. 코로나19 상황에서 온라인 동영상 플랫폼들은 호황을 누리고 있다. 대표 기업이 넷플릭스다. 넷플릭스는 콘텐츠 전진 기지이자 아시아의 확산 근거지로 다른 국가가 아닌 한국을 선택했다. 2021년에만 한국에 5600억 원을 투자하기로 했다. 오리지널 콘텐츠의 성적이 좋았기 때문이다. 〈킹덤〉 〈스위트홈〉 등 많은 작품이 케이콘텐츠의 입지를 확실히 구축해줬다.

이렇게 케이콘텐츠가 좋은 반응을 얻는 것은 자유로운 창작적 토대가 가능했기 때문이다.

이러한 토대는 어느 날 갑자기 이뤄진 것은 아니다. 민주화의 결과이기도 하고 창작을 방해하는 제도를 꾸준히 개선해왔기 때문이기도 하다. 결정적인 것은 1996년 헌법재판소 재판소 판결이다. 헌재는 구 영화법 제12조 등이 헌법 제21조에 규정한 언론 출판의 자유에 따른 검열 금지의 원칙에 위반된다며 위헌 결정을 내렸다. 아울러 음반 사전심의가 철폐되었다. 영화와 음악에 대한 사전 검열이 없어지고 좀 더 자유로운 창작이 가능해진 것이다. 만약 이런 변화가 없었다면 봉준호 감독의 〈기생충〉이 아카데미에서 작품, 감독, 각본, 국제영화상을 받는 것은 불가능했을지 모른다.

세계를 누비고 있는 BTS도 마찬가지다. 한국의 케이팝이 세계의 음악 트렌드를 융합할 수 있는 바탕도 이런 민주적인 창작 조건이 있기 때문이다. 특히 문화의 주체라고 할 수 있는 여성들의 관점과 세계관이 지속적으로 반영되어왔다. 한강과 정유정, 백희나, 황선미, 김금희, 김이듬 등 한국문학 작가들이 세계적으로 인정을 받는 것도 이 때문이다.

반면 아시아 상황은 안 좋다. 미얀마 군부의 재등장과 유혈 진압의 뒤에는 중국이 자리하고 있다. 당연히 미얀마도 자유로운 창작과 활동이 불가능해졌을 것이다. 앞에서 언급했듯이 인터넷도 통제하는 중국이 홍콩에 대해서 강압적인 조치를 연이어 취하고 있는 상황에서 예전 홍콩의 문화 르네상스는 오지 않을 것이다. 14억 인구 대국 중국이 콘텐츠 대국이 못 되는 데는 이유가 있다. 일본도 사회가 강자 중심으로 정체된 지 오래라 창작의 활력이 없다. 일본만이 아니라 중화권에 권하고 싶은 문장이 있다. 1996년 헌법재판소의 판결문 가운데 일부이다.

"영화도 의사 표현의 한 수단이므로 영화의 제작 및 상영은 다른 의사 표현 수단과 마찬가지로 언론·출판의 자유에 의한 보장을 받음은 물론, 영화는 학문적 연구 결과를 발표하는 수단이 되기도 하고 예술표현의 수단이 되기도 하므로 그 제작 및 상영은 학문·예술의 자유에 의하여도 보장을 받는다."

홍콩처럼 곧 한류도 끝날 것이라는 선언적 예언이 아니라 자유로운 창작의 토대를 어떻게 계속 유지하고 확장할지에 따라 우리가 해야 할 일이 정해질 것이다. 그 자유로운 창작의 토대야말로 한류의 생명력이 살 수 있는 원천이기 때문이다. 이미 홍콩과는 상황이 다르다. 홍콩은 아날로그 시대에 부흥했고 한류는 디지털 모바일 문화와 밀접하다. 이제 상호 피드백이 즉각적으로 반영되는 문화적 토대가 형성되었기 때문인지 한류가 인기를 끈 지 벌써 30여 년이 되어가고 있다. 홍콩은 길어봤자 20여 년이었다. 일본의 대중문화보다도 한류는 길어지고 있다.

ESG 경영과

케이팝

　한 방송사에서 ESG 경영에 대해 매우 비판적인 보도를 했다. 보기 드문 일이었다. ESG 경영이 당연히 해야 하는 일이라고 생각할 수 있기 때문이다. ESG는 환경Environmental, 사회Social, 지배구조Governance의 약자다. 환경은 친환경과 환경보호를 말하고 사회는 인권 등의 권리 보장을, 지배구조는 의사결정 과정의 민주주의 실현을 말한다. 이렇게 좋은 가치실현의 경영이 실현된다면 좋은 일일 텐데 왜 비판했을까? 아무리 좋은 가치도 실현할 것을 강요하거나 이를 빌미로 다른 이득을 추구하면 바람직하지 않을 것이다. 그 당시에 비판이 있었던 것은 많은 언론사가 ESG 경영을 평가 기준으로 삼아 기업에 협찬이나 광고비를 받아내려고 하는 행태 때문이었다.

물론 이런 일은 한국에서만 일어나는 것은 아니다. 그런 점에서 ESG 경영 담론에 대해 근본적으로 물어봐야 할 것이다. 나는 그 방송사의 평가원이었기 때문에 ESG 경영의 담론 기원을 물었어야 한다고 지적했고, 제작진은 그러한 지적은 뼈아프게 생각한다고 언급했다.

ESG 경영의 기본 맥락을 생각해야 한다. ESG 경영을 하지 않는다고 트렌드에 떨어진다고 생각하거나 가치를 깎아내리는 것은 타당하지 않다. 케이콘텐츠도 마찬가지다. 최근에 케이팝의 위상이 달라진 것은 단지 콘텐츠 자체가 인기가 있기 때문만은 아니라는 점은 ESG 경영 맥락을 생각하면 이해가 된다.

하이브는 세계적인 엔터테인먼트 업체를 인수하는가 하면, 북미 현지 업체들과 오디션 프로그램 제작에 나섰다. SM을 비롯한 우리 엔터테인먼트 기획사들이 미주 현지 업체들과 아이돌 그룹을 론칭하는 사례는 모두 상전벽해와 같은 일이다. JYP의 수장인 박진영은 일본에서 이상적인 직장 상사로 뽑히기도 했다. 니쥬NiziU를 선발 구성하고 론칭해서 큰 성공을 거뒀기 때문이다.

이런 일들이 가능해진 것은 케이팝의 위상이 그만큼 상승했기 때문이다. 2000년대 초반 아이돌을 중심으로 케이팝이 해외에서 인기를 끌고 있을 때만 해도 호평보다 비난이 더 많았다. 아시아에서 호평을 받은 케이팝은 특히 북미와 유럽에서는 더더욱 엔터테인먼트 기획사가 보여줬던 비즈니스 모델의 흠결로 좋은 평가를 얻지 못했다. 특히 아이돌의 가창력이 떨어진다는 이유로 예술성은 언급할 수도 없었다. 하지만 지금은 가창력은 물론이고 작사, 작곡, 프로듀싱 능력까지 자유자재로 선보이는 아이돌이 매우 많아졌다. 이들의 예술성에 대해 의문을 갖는 목소리는 잦아들었다.

이전의 한국 기획사들의 지배구조는 불투명했다. 그것을 단적으로 압축한 단어가 '노예계약'이다. 오랜 기간 불합리한 계약을 하는 것이 착취적이었다는 뜻이다. 성착취적인 행태들도 자주 발생하는 것으로 규정됐다. 기획사들은 어느새 인권을 포함하는 사회적 가치를 지향해야 했다.

나아가 이제 케이팝은 세계 젊은이들의 처지를 대변하고 인종차별주의에 목소리를 내며 반독재 시위에도 뜻을 같이하고 있다. 그야말로 세계민주주의와 인권의 가치를 실현하기 위해 노력하고 있다. 거창한 이데올로기의 기치 아래 움직이지는 않지만 불우한 처지인 사람들을 경제적으로 지원해주는 예도 있다.

기업의 지배구조도 공정하고 투명해야 한다. 팬들조차 공정함을 요구한다. 팬들의 사랑으로 인기를 얻는 그룹을 혹사하면 당장 팬들의 엄청난 반발은 물론 불매 운동도 일어난다. CJ tvN의 〈프로듀스 101〉 사태 이후에는 더더욱 방송사와 연계해 점수 조작으로 아이돌을 결성하는 것도 불가능해졌다. 환경문제에도 적극 동참하는 팬클럽들과 아티스트들이 생겨났다. 이들은 기후변화를 막기 위해서 큰 노력을 기울이며, 홍수와 가뭄으로 고통받는 이들을 돕기 위해 위해서 기부를 하기도 한다.

이제야 ESG 경영이 세계적인 화두라고 볼 수 있는데, 친환경 경영을 내세우거나 친환경 제품을 강조했던 기업들의 이율배반이 논란과 갈등을 일으키는 경우도 있다. 이른바 그린 워싱green washing 현상인데, 이에 대해서는 케이팝 그룹들도 생각해야 한다.

ESG 운영이 당연해질 4세대 아이돌은 3세대 아이돌의 성공 법칙을 처음부터 바탕에 두고 출발한다. 물론 그것이 전부 성공을 보장해주지 않는다. 테크닉보다 진심이 우선이어야 하고 보편적 원칙과 가치를 스스로 완전히 실현하고 있어야 한다. 이들은 이미 메타버스를 팬 커뮤니티 비즈니스에 연동하거나 융합하는 전략을 지향하고 있다. 단순히 엔터테인먼트 기획사로 보였던 기업이 갈수록 플랫폼 기업으로 전환하는 모습을 접하면서 놀라움과 기대감 사이로 우려의 시선을 보내기도 한다.

일부에서는 주가를 위한 인수합병이나 진출 사례가 늘어나고 있기도 하다. 아무리 구글의 전례를 따른다고는 하지만, 주가 견인을 위한 이벤트라면 그것이 ESG 경영과는 배치될 수 있다. 케이팝 기획사가 아마존 같은 플랫폼을 지향하며 글로벌 플랫폼 기업이 되는 것을 팬들이 정말 원하는 것인지는 알 수가 없다. 수익 규모를 통해서 어느 순간 팬심의 진심이 수치화되고 계량화되고 있는 것은 아닌지도 성찰할 필요가 있다. 어느 한순간 무너지지 않을 토대를 구축하는 것이 홍콩의 전철을 밟지 않는 길이다.

케이팝을 매개로 한

전 지구적 운동

　　설 명절을 앞두고 카카오톡 메시지가 하나 왔
다. 보낸 사람은 글로벌 라디오 방송의 진행자이자 피디였
다. 무슨 일인가 싶었다. 방송이 있는 날도 아니었고 보통
평일에 메시지가 오는 경우도 거의 없었기 때문이다. 한국
의 대표적인 신문사에서 메일이 본사로 와서 난처했다는
것이 메시지 내용이었다. 방송에서 다룬 내용을 인터넷에
올렸더니 출처를 밝혀야 한다고 해당 신문사 기자가 이에
대해 지적을 한 것이다. 참고 자료로 삼은 내용을 그대로
올리는 실수를 했으니 아쉬운 일이 벌어진 셈이다. 그런데

그 내용은 케이팝에 관한 내용이었다. 보도자료를 풀어서 설명하는 내용을 인터넷에 공개를 해야 하는데 그렇게 하지 않은 것이 화근이었다.

사실 좀 섭섭한 마음도 있었다. 내용은 인도네시아에 기반을 두고 케이팝 팬을 네트워크화해서 환경 운동을 하는 젊은 세대의 움직임에 관한 것이었다. 사실 이러한 움직임에 대해서는 다루어도 그만 다루지 않아도 그만이다. 더구나 한국의 기획 제작사들이 불편해할 환경운동을 하고 있었다. 케이팝이 세계적으로 인기를 끌면서 이를 활용해 자신들의 목적을 달성하고자 하는 이들이 많았다. 물론 좋은 쪽도 있고 그렇지 않은 쪽도 있다. 초기에는 저작권을 어기고 음반이나 관련 상품 등을 판매하는 경우도 있었고 가짜 콘서트 입장권을 팔기도 했다. 그런 방식은 일차적인 방식의 범죄다.

친환경 이슈가 10대에서 20대 초중반에 이르는 젊은 세대에 의해 주목받기 시작했다. 어떻게 보면 스웨덴의 환경운동가 그레타 툰베리Greta Thuberg가 전면에 나서는 모습이 미디어에 드러나기 시작하면서 좀 더 능동적인 젊은 세대의 움직임이 있었다고 본다. 여기에 각 기업의 마케팅이 차별화를 위해 이를 담론화하는 것에 그치지 않고 그린 워싱이라는 말을 들을지언정 어떤 식으로든 시도는 하고 있다. 그린 워싱은 실제로 친환경적인 상품과 서비스를 제공하지 않아도 겉으로는 그렇게 포장하는 현상을 말한다.

한류 동호회 숫자만 해도 1억 명이 넘어서고 있다. 블랙핑크의 SNS 팔로워 수는 2억 5000만 명에 이를 정도이다. 이러한 팬들의 참여를 끌어낸다면 성과를 낼 수 있다는 생각을 하게 된다. 실제로 2021년 9월 블랙핑크는 UN SDGs(지속가능발전목표) 홍보대사로 임명됐다.

UN SDGs라는 무엇일까? UN에서 설정한 국제사회의 공동목표를 말한다. 빈곤, 질병 등 인류의 보편적 문제부터 지구 환경·경제·사회 문제 등을 포괄한다. 각국 총리, 대통령, 왕비 등 국가원수급 인사와 세계적인 리더가 홍보대사로 활동하기도 했다. 블랙핑크는 COP26(유엔 기후변화협약 당사국총회) 홍보대사로도 임명되어 활동했다. 모두 환경문제와 밀접한 홍보대사이다. 이때 의장국인 영국의 존슨 총리가 친서를 보내 기후변화 관련 영상 조회수가 많아졌다며 큰 역할을 했다고 치사를 하기도 했다.

케이팝이 인기를 끌면서 앨범 판매량은 갈수록 상승일로에 있다. 2021년 음반 판매량은 2019년 판매량(2459만장)보다 74% 가량 많다. 그런데 앨범이 플라스틱으로 만든다는 사실은 생각해볼 만하다. 음반 포토북과 포토카드에 쓰는 코팅 종이는 양면 코팅 비닐을 사용하기 때문에 재활용이 안 된다. 마케팅 방식도 문제이다. 음반 하나를 사면 팬 사인회 응모권을 주기 때문에 음반을 더욱 구매하게 된다. 물론 응모권을 위해 수십 장을 사기도 하는데 소장용 하나를 빼고는 모두 버려질 수 있다. 이는 고스란히 환경을 오염시킨다. 포토 카드를 무작위로 섞어 넣는 방식도 이러한 문제점을 부추긴다는 의견이 있다.

그래서 일부 기획사들은 CD의 경우 플라스틱 재질이지만 일반 쓰레기로 분류되어 버려질 수 있도록 저탄소 종이와 생분해 플라스틱PLA으로 앨범을 만들기도 한다. 저탄소 종이는 산림관리협회FSC 인증 종이로, 저염소 표백 펄프를 원료로 한다. 포장재, 사진첩, 가사집 등에 재생 종이를 사용하기도 한다. 중요한 것은 마케팅 방식의 개선일 것이다.

친환경적인 방법으로 케이팝 관련 상품을 만드는 제조 기술과 업체는 앞으로 주목을 받을 것이고 그것이 일반적인 표준 모델이 될 수밖에 없다. 기술 개발과 적용은 물론이고 디자인과 미학적인 관점에서도 소양과 역량이 충만한 인력들이 많이 필요하고 이를 길러내야 할 필요성이 있다.

세계 기후변화에 맞춰 해내야 할 이러한 과제에 대해 널리 알리는 것도 중요하다. 그러나 어떤 단체든 케이팝을 이용하여 자신들의 존재감을 알리고자 우선하는 것은 바람직하지 않다. 시민운동은 자기의 이익보다는 더 큰 이익을 우선해야 한다.

니쥬의

운명적 탄생

　　스토리텔링에 관한 책을 낸 지 얼마 안 되었을
때 JYP엔터테인먼트에서 연락이 왔다. 스토리텔링과 세
계관을 체계화한 신인 그룹을 준비 중인데 프로젝트에 참
여하실 수 있느냐는 것이다. 좀 놀랐다. JYP엔터테인먼트
에 대한 쓴소리를 많이 했기 때문에 연락이 올 줄은 몰랐
다. 스토리텔링에 관한 책은 많지만, 그것의 본질에 대한
도서는 많지 않다. 더구나 대중문화나 대중음악을 중심에
둔 스토리텔링 책은 거의 없다. JYP엔터테인먼트에 했던
쓴소리는 잘하는 것을 하면 된다는 맥락에서 했던 것이다.

박진영 대표가 보이그룹으로 자꾸 실패하거나 오디션 프로그램에서 소울 음악을 극찬하는 모습 등이 장점을 훼손하고 있었기 때문이다. 사실 걸그룹에 관한 한 JYP를 따라올 자가 없으며 그에 관한 능력은 일본에 진출할 수 있었던 역량의 바탕이기도 했다.

가끔 일본 방송국이나 기자가 취재를 오는 경우가 있다. 가끔은 싱가포르나 홍콩에서도 연락이 온다. 내가 뛰어난 전문가이기 때문이 아니라 워낙 한류 현상이 강하다 보니 이런 취재는 일상화되었다. 그런데 일본에서 상당히 여러 차례 자문을 구한 아이템이 바로 '니쥬NiziU'였다. 처음에는 그만큼 일본에서 성공했기 때문에 관심을 두는 것이라고 생각했다. 그러다가 나중에는 세계 진출 여부에 관심이 많다는 것을 알게 되었다. 나아가 한국에서 니쥬를 어떻게 생각하는지, 인기가 있을 것인지도 궁금해했다. 확실히 대답할 수 있는 것은 케이콘텐츠의 양상이 달라지고 있다는 사실을 보여주는 단적인 사례가 니쥬라는 점이다.

'니지 프로젝트Nizi Project'는 운명이었다. 이미 오래 전부터 예견되었고, 걸그룹 명가와 현지화 전략이 마침내 맞아떨어진 작품이기 때문이다. JYP엔터테인먼트가 중국에서 텐센트 음악과 보이그룹 보이스토리를 합작해 만들어낸 사례보다 더 기대를 걸 만하다. 니지 프로젝트를 통해 니쥬가 만들어지게 된 배경을 살펴보면 이 걸그룹이 앞으로 어떤 활동을 펼치게 될지 알 수가 있다. 한국 걸그룹의 성공 비법이 니쥬에 융합되어 있기 때문이다.

한국 걸그룹은 3단계로 진화하고 있다. 1단계는 원더걸스처럼 한국인으로 구성된 그룹이었고 그다음 단계는 트와이스 같은 다국적 그룹이었다. 그리고 세 번째 단계는 니지 프로젝트처럼 현지화 전략이다. 이러한 현지화 전략은 앞으로 더 확대될 가능성이 크다.

2007년 데뷔 이후 〈Tell me〉〈So Hot〉〈Nobody〉로 3연속 히트곡을 낸 원더걸스는 걸그룹 명가 JYP엔터테인먼트의 본격적인 신호탄이었다. 원더걸스의 경험과 노하우는 2015년 걸그룹 트와이스로 이어졌다. 원더걸스와 트와이스는 여러 면에서 다르지만, 단적으로 멤버 구성이 달랐다. 원더걸스의 멤버 선미, 소희, 예은, 현아, 선예 등은 모두 한국인이었다. 2009년 10월 원더걸스의 〈Nobody〉가 미국 빌보드 메인 차트인 핫100에 76위에 오른 것을 두고 소속사는 30년 만에 아시아 최초로 이런 성적을 받았다고 홍보하기도 했다. 이후 JYP엔터테인먼트가 해외 진출을 위해 그룹이 트와이스를 준비하면서 해외의 호응을 더

높이기 위해 다국적 구성을 기획한다. 그 때문에 트와이스에는 일본 국적의 히라이 모모, 미나토자키 사나, 묘이 미나 등이 멤버로 있고 여기에 중화민국 국적의 쯔위도 포함되었다.

원더걸스는 복고풍 팝 스타일의 복고 취향의 걸그룹으로 인기를 끌었는데 트와이스는 세련된 음악과 댄스, 패션으로 주목과 인기를 받았다. 사실 원더걸스가 큰 인기를 끌게 된 이유 가운데 하나는 노출 없이도 성적인 매력을 발산한다는 것이다. 이전까지 한국의 걸그룹은 직접적인 노출을 통한 섹시미를 발산했고 이 때문에 선정성 논란에 휩싸였다.

하지만 원더걸스는 노출을 최소화하면서 귀여운 소녀 이미지를 통해서 전 국민적인 사랑을 받았으며 나아가 아저씨 팬들까지 불러 모았다. 심지어 콘서트나 팬 미팅 현장에 아저씨 팬들이 꽃을 들고 나타났고 복고코드로 인해 나이든 여성들마저 좋아했다. 하지만 이때 얻은 교훈은 복고코드가 주목을 받을 수는 있지만, 지속성이 부족할 수 있다는 점이었다. 트와이스는 레트로 스타일보다는 스스로 자신이 스타일을 만들어가는 방식을 취하게 된다. 그런데 트와이스는 긍정의 힘을 불어넣어주는 콘셉트를 강화했고 이것이 니지 프로젝트에 그대로 이어졌다.

JYP엔터테인먼트 박진영은 걸그룹에 관한 명확한 자기 철학을 가지고 있다. 그는 우선 인성을 매우 중시해왔다. 인성이 좋다는 것은 단지 착하고 선하다는 것만을 의미하는 점이 아니고 매우 복합적인 의미를 지닌다. 그는 니지 프로젝트 오디션에서 노래나 춤을 중시하기보다는 특유의 개성과 목소리, 표정, 자연스러움 등을 원한다고 했다. 그것이 스타성이고 이를 찾고 있다고 말했다. 사실 연습생은 원석을 찾는 것이기 때문에 오히려 꾸며지고 만들어진 상태보다 있는 그대로가 나을 것이다. 또한 박진영은 겸손함을 매우 중시해왔고, 니지 프로젝트 오디션 현장에서 이러한 점을 여러 차례 강조했다. 건강한 정신을 갖고 다른 이들에게 춤과 노래 그리고 표정을 통해서 긍정의 힘을 불어 넣어줄 수 있는 걸그룹은 트와이스에서 니지 프로젝트로 확장되고 있는 셈이다.

그런데 그는 '박진영 키즈'들을 만든다는 비판을 얻기도 했다. 이런 비판을 받는 이유는 박진영이 원하는 스타일의 연습생만 선발하기 때문이다. 다른 기획사가 다른 구성원의 참여와 판단을 반영하는 것과 다른 점이다. 니지 프로젝트에서도 오로지 박진영의 주관적 판단과 스타일에 따라서 오디션이 이뤄졌다. 하지만 박진영은 대중음악으로 예술 스타일을 추구하고 있고 이를 대중적 걸그룹으로 탁월하게 실현해왔다. 단순히 많은 전문가 그룹의 관점을 무조건 받아들인다고 해서 성공하지는 않았을 것이다. 오히려 의견이 백가쟁명인 상황에서는 스타를 만들 수 있는 하나의 대중 예술철학이 필요한데 이를 박진영이 실현해내고 있다는 것이다. 그는 직접적인 육체의 노출을 통한 섹시 콘셉트로 걸그룹을 구성하는 것보다 다양한 표정과 춤, 노래 등을 통해 매력적으로 다가갈 수 있다는 점을 누구보다도 잘 알고 있으므로 니쥬에 이 점을 충분히 반영하려는 것이다. 오히려 노출 과잉이 이루어지는 디지털 다매체 시대에 박진영의 전략은 경쟁력을 가질 수밖에 없을 것이다.

여신이나 영웅처럼 보이도록 만드는 것에 능한 SM엔터테인먼트와는 달리 적어도 JYP엔터테인먼트에서는 '보고 있기만 해도 기분이 좋고 행복한 감정이 생기는 것'을 중시한다. 목소리, 눈짓이나 몸짓 하나에서도 그런 감흥이 일게 하는 이는 스타가 될 가능성이 높다고 보는 것이다. 그 사람 자체에서 나오는 인간적인 매력이 우선이고 춤과 노래는 표현 수단이 되어야 한다는 것을 그는 잘 알고 있다. 니지 프로젝트의 멤버들도 사람 자체에서 나오는 매력을 뽐을 수 있게 이끌어줘야 할 것이다. JYP엔터테인먼트의 테크닉 지도나 훈련이 이를 가능하게 한다고 생각하면 곤란하다. 귀엽고 선한 모습의 걸그룹들이 인기가 있을 것이라 생각하는 것은 착각이다. 상대방이 좋아하는 짓을 하면 인기가 있으리라 생각하면 오히려 가식이 생긴다. 자기 스스로 건강한 자아를 가지고 있고 그 자아를 나누면서 동반자처럼 가고자 하는 이들이 '니쥬'를 통해 진정한 승자가 될 것이다.

스타는 우월한 존재가 아니라 단지 자신의 춤과 노래로 다른 이들에게 긍정의 영향력을 주는 존재이다. 물론 팬들로 인해 스스로 존재 기반을 갖는다는 점은 중요하다. 예상했던 대로 니쥬의 곡들은 원더걸스나 트와이스와 마찬가지로 생기발랄하고 활기 넘치는 곡들이다. 피곤하고 무기력해져 있다가도 그들을 바라보면 청량감을 느끼고 힘들고 지루한 일상생활을 영위해나갈 힘을 얻게 된다. 상대의 취향에 일부러 맞추기 위해서 귀여운 척, 발랄한 척 하기보다는 그 자체로 자신의 개성과 매력을 뽐어냄으로써 장수하는 걸그룹이 될 것이다.

한국의 아이돌 전략은 이제 동아시아 협력을 기본으로

한다. 현지화 전략은 일본에서만 있었던 것은 아니다. SM도 중국, 홍콩, 마카오, 타이완, 태국 출신의 중화권 보이그룹 웨이션VWayV를 론칭해 신곡들도 발표했다. 그러나 JYP엔터테인먼트처럼 일본 열도에 나선 것은 유례가 없으므로 니지 프로젝트의 성공적 안착이 이뤄진다면 다른 기획사들도 활발하게 움직일 가능성이 크다. 실제로 SM은 중국에 이어 일본에서도 지케이컴과 협력해 도쿄 음악·무용 전문학교TSM 네트워크를 활용해 온라인 오디션을 계획했다.

이런 시도들이 활발하게 이뤄지는 것 외에도 중요한 일은 많다. 한국 팬들을 다수 확보하려면 BTS처럼 보편적인 청년 세대의 고민과 감성에 대해 인터넷에서 적극적으로 소통하는 노력도 있어야 할 것이다. 특히 21세기 스마트 모바일 시대에는 노래와 춤, 스타만 있어서는 곤란하고 인간적인 친화적 관계도 만들어야 한다. 그런 면에 한국 청년은 물론 세계 청년들이 더 열광하기 때문이다. CJ ENM과 요시모토 흥업의 라포네엔터테인먼트가 만든 JO1이 성공 가도를 달리기 위해서 목표로 삼아야 하는 것은 역시 이런 점이다.

한류의

넷플릭스 활용법

     광주 지역의 한 방송국에서 일하는 피디가 넷
플릭스 서비스가 국내에 개시되자, 글로벌 온라인 동영상
플랫폼의 시대에 과연 지역 방송은 어떤 경쟁력을 가져야
하는지에 대해서 진지한 글을 페이스북에 올린 적이 있다.
절망적이라는 그의 말에 나는 그렇지 않다고 댓글을 달며
나름의 특화된 방향이 가능하다고 했다. 그러나 그 피디
는 동의하지 않았다. 물론 정말 희망이 없다고 믿고 싶지
는 않았을 것이고 나름의 열악한 현실을 강조하고 싶었을
것이다. 사실 넷플릭스에 대한 관점을 바꿔야 하는 문제였

다. 단순히 넷플릭스가 우리나라 기업이 아니라는 이유에서 경쟁 상대로만 여긴다면 대안은 없다. 다행스럽게도 우리나라 창작자들 가운데 넷플릭스의 제안을 받아들이고 콘텐츠를 잘 만들어 세계인과 공유한 이들은 한류 현상을 증대시켜 스스로 가치를 높였다. 그리고 케이콘텐츠의 위상과 브랜드 가치도 키워 좀 더 좋은 기회를 많이 얻었다. 이런 효과를 위해서는 넷플릭스가 어떤 속성을 가졌는지 정확하게 파악할 필요가 있다.

드라마 〈오징어 게임〉 〈지옥〉 〈지금 우리 학교는〉 등이 세계적 인기를 얻으면서 넷플릭스에 대한 관심은 더욱 고조되었다. 그러나 넷플릭스에 대한 오해도 많다. 한쪽에서는 극단적인 찬사가, 다른 한쪽에서는 부정적인 견해가 있다. 예컨대 넷플릭스를 통해 신선한 작품을 자유롭게 안정적으로 제작할 수 있다는 의견이 있는가 하면 넷플릭스가 모든 저작권을 가져가기에 종속화가 심할 것이라는 주장도 있다.

물론 콘텐츠 업계가 일본과 중국 시장에서 혐한과 한한령으로 어려움에 부닥쳤을 때 넷플릭스는 구세주와 같았다. 제작비도 없이 간접광고 협찬으로 메우라는 국내 방송사보다 훨씬 조건이 좋아 보였다. 불리한 조건을 줄이고 거래처가 다변화되었다. 심의 우려가 없고 즉각 세계 각국에 동시 공개할 수 있다는 것도 장점이다. 또 시즌제, 짧은 러닝 타임과 편집의 자유 등의 장점을 확보할 수 있으며 시청률 부담도 없다.

넷플릭스가 열린 마음을 가지고 있다지만, 이는 틀린 말이기도 하다. 넷플릭스는 많은 사람이 보는 콘텐츠를 원하지 않는다. 가입자 가운데 10%가 보는 내용을 좋아한다. 이럴 때 강렬한 열망과 팬덤이 형성되기 때문이다. 그래서 장르성이 강하다. 하지만 한국 지상파에서는 애초에 이런 시청자만 고려하고 드라마 제작을 지원하거나 편성하지는 않는다. 따라서 자극적이고 폭력적인 장면이 많으면 넷플릭스행이라는 생각은 잘못이다. 또한, 지상파가 외면한 신선한 소재만을 선호하는 것도 아니다. 세계에 통하더라도 '10% 원칙'에 부합해야 한다. 만약 제작비가 많이 들고 리스크가 크면 넷플릭스가 낫다. 그러나 안정적인 수익 보장을 원한다면 애써 넷플릭스에 갈 필요가 없다. 전혀 간섭을 안 한다지만 화질은 매우 중시하기 때문에 사전에 이를 꼼꼼하게 따지고 수정 작업을 수없이 시킨다.

잘 알려진 것처럼 추가 수익 배분은 어렵고 2차 저작권은 넷플릭스가 소유하기 때문에 영화를 제작하거나 해외

리메이크로 진출할 수 없다. 드라마 조회 수나 시청 시간도 공개하지 않는다. 수익 배분 요구 우려 때문이다. 음악 저작권의 경우, 넷플릭스에서 재방송이 된다면 제작사가 저작권협회에 저작료를 지급하고, 넷플릭스는 저작권료를 주지 않는다. 예를 들어, JTBC 예능 〈아는 형님〉이 넷플릭스에서 서비스되면 해당 프로그램에 쓰인 음악 저작료를 넷플릭스가 아닌 〈아는 형님〉의 제작사가 지급해야 한다. 제작비를 국내 방송사 등에 비해 좀 더 주기에 언뜻 타당해 보이지만 제작비는 2010년 초보다 세 배 이상 올랐다. 즉 한국의 제작 물가를 올려놨기에 드라마 제작 구조는 양극화가 심해졌다. 무엇보다 시즌2에 들어갈 때 동기 부여가 안 된다. 〈오징어 게임〉 시즌2가 제작에 들어가게 될 때 반드시 황동혁 감독이 재연출을 맡게 된다는 계약 조건도 없다.

넷플릭스는 전폭적인 지원과 일사불란한 진행을 보여주지만, 의사결정이 느리다. 제작 일정이 급한 드라마는 넷플릭스보다 국내 방송사가 낫다. 더구나 사전 제작의 모순도 있다. 한국 드라마는 쪽대본의 오명을 쓰기도 하지만 빠른 순발력으로 시청자 취향과 욕구와 트렌드를 반영하기도 한다. 이것은 어떻게 보면 모바일 문화 속에서 강점이 된다. 하지만 넷플릭스의 드라마는 철저하게 사전 제작이기에 즉각적인 피드백이 어렵다. 넷플릭스 때문에 한류가 사라질 것이라는 우려도 있다. 만약 계약 기간을 10년으로 하고 모든 콘텐츠를 넷플릭스 같은 OTT가 독점하면 제작사들이 선순환을 이루지 못하기 때문이다.

그렇다면 어떻게 해야 할까. 상생하는 방안을 마련해야 한다. 제작사가 넷플릭스에 선판매 계약을 맺고 제작비를 마련한 뒤에 만든 드라마를 국내 방송사업자에게 국내 방영권만 판매하는 방식은 적절하다. 일본에서는 2차 저작물에 대한 권리를 제작사가 가진다. 시즌2부터는 인센티브도 있어야 한다. 또한, 디즈니 플러스처럼 수익 배분을 하려는 글로벌 OTT를 활용하고 방송사-플랫폼 사이의 합종연행도 필요하다. 아울러 세계적인 기업들이 국내 제작사에 재투자할 수 있게 프랑스처럼 매출액의 20~25%는 제작비로 지출하게 해야 한다. 무엇보다 우리 방송사와 OTT, 정부의 관련 제도의 변화가 필요하다.

케이팝,

재주 넘는 곰을 거부하라

2011년 케이팝 가수의 수익 배분에 관해 충격적인 뉴스가 전해졌다. 그 주인공은 걸그룹 카라였다. 카라의 한승연, 니콜, 강지영 등 3인은 일한 만큼 수익을 가져가지 못하고 있다며 공식적으로 문제를 제기했다. 당시 카라는 동방신기와 함께 최고의 인기를 일본에서 구가하고 있었다. 하지만 그들은 투명하지 못한 정산 체계에 대해서 소속사에 이의를 제기했고 전속 계약 해지를 요구하기에 이른다. 음반 판매의 수익 배분율은 현지 유통사에 84%, 그리고 일본 레이블과 한국 소속사에 각각 8%씩 할

당되었다. 그렇다면 가수들에게는 얼마나 수익금이 돌아갔을까. 수익금 비율이 신인의 경우 대개 0.5~1%였다. 즉 일본에서 1년 동안 100억 원의 매출이 발생해도 가수가 갖는 돈은 많게는 1억 원, 적게는 5000만 원 정도였다. 이런 비율에 대해서는 불만을 제기할 수밖에 없을 것이다. 이는 예전 방식의 음악 유통 방식 때문이다.

그렇다면 온라인이 중심이 되는 새로운 유통 방식은 어떨까. 대표적인 사례인 구글을 살펴보자. 2012년 〈강남 스타일〉의 유튜브 영상이 12억 3000만 뷰를 기록했고, 구글은 800만 달러의 매출을 거뒀다. 이 가운데 절반에 해당하는 400만 달러를 싸이 측에 지급했다. 400만 달러는 우리 돈으로 대략 42억 원가량이다. 이는 오로지 유튜브 광고로만 벌어들인 금액이었다.

한편 싸이의 〈강남 스타일〉이 스포티파이Spotify라는 글로벌 최대 스트리밍 사이트에서 유튜브와 동일하게 재생됐다면, 세 배인 126억 원을 벌 수 있었다. 스포티파이는 통상 1플레이당 0.4센트를 예술가 측에 지급하는데 1000뷰로 환산하면 4달러다. 일부 밴드는 1플레이 0.97센트, 1000플레이 기준으로 9.7달러까지 받았다. 그 뒤 2021년 3월 〈강남 스타일〉은 40억 뷰를 돌파했다. 이에 따라

80억~120억 원의 유튜브 이익을 얻었을 것으로 추정할 수 있다. 물론 글로벌 스트리밍 기업 스포티파이 등의 수익은 세 배 이상이었을 것이다. 현지 유통사에 대부분의 수익을 배분하는 구조와는 완전히 다른 이익 할당 시스템이다.

하지만 이런 온라인 디지털 유통 플랫폼은 우리의 마당이 아니라서 여전히 많은 수익을 내주고 있다. 우리의 마당을 온라인 디지털 공간에 만드는 것이 바로 '글로벌 팬덤 플랫폼'이다. 위버스, 유니버스, 디어유 버블(버블)등이 대표적인 예다. 이들 이용자는 대부분은 해외 팬들이다. 월 4500원씩 돈을 내고 구독하는 이른바 유료 구독자 수가 100만 명을 돌파한 것도 있다. 유료 구독자 수를 제외해도 월 300~500만 명의 이용자가 드나든다.

왜 이렇게 많이 드나들까? 아티스트와 직접 소통할 수 있기 때문이다. 개별 앱을 통해 팬들과 연결해 소통하는데, 이것이 유료구독 서비스로 이뤄진다. 특히, 일대일로 아티스트와 팬이 채팅 메시지를 주고받는 형태의 플랫폼이 주목받았다. 실제 공간에서는 할 수 없는 소통을 온라인 플랫폼으로 할 수 있는 것이다. 여기에 유일한 콘텐츠와 서비스가 제공된다. 이곳에서만 공개하는 사진과 영상, 메시지는 팬들의 관심과 선택의 열광적 집중을 불러일으키기 쉽다. 앨범은 물론이고 MD 상품들도 갖춰져 있다. 각 아티스트에 맞게 특화된 예능 콘텐츠까지 있다. 즉 이 플랫폼은 자신이 좋아하는 아티스트들의 노래나 퍼포먼스, 그리고 엔터테인먼트를 통해서 인간적인 매력을 더욱 느낄 수 있는 곳이다.

한편 이 공간에서는 성취감을 자극받기도 한다. 예를 들어 일정한 미션을 달성하면 재화를 응모권으로 변환시켜 온·오프라인 팬미팅은 물론이고 팬 사인회나 콘서트에 참여해 아티스트를 직접 볼 수 있는 기회를 얻을 수 있다. 이런 공간을 활용해 온라인 공연을 기획한 BTS는 단번에 800억 원 이상의 매출을 올리기도 했다. 글로벌 팬덤 플랫폼의 궁극적인 목적은 바로 우리 스스로가 세계의 중심이 되는 것이다. 해외의 가수들도 이러한 온라인 플랫폼에서 활동할 수 있다면 이번에는 그들이 재주를 넘는 곰이 된다. 최근 메타버스 열풍이 불고 있는 배경에는 바로 재주는 곰이 넘고 돈은 왕서방이 챙기는 구조를 깨려는 목표가 작동하고 있다.

한국은 작은 나라이지만 어느 나라보다 창의력이 풍부한 나라이다. 하지만 유통 구조를 독자적으로 구축하지 못했기 때문에 훌륭한 콘텐츠를 전 세계인들에게 선보일 기회가 없었고 그 수익도 제대로 배분받지 못해왔다. 우리 스스로 작동시킬 수 있는 마당을 구축할 때 우리의 아티스트들은 온전히 자신의 세계관을 펼쳐낼 수 있다. 물리적 공간의 음악 유통망은 한계가 있다. 이는 이미 TV 프로그램과 영화가 넷플릭스와 같은 온라인 동영상 플랫폼에 융복합되고 있는 것이 현실이다. 빌보드나 스포티파이가 맹위를 떨친다고 해도 음악만 소비 유통하는 플랫폼도 역시 한계가 있다. 그러므로 총체적이고 복합적인 콘텐츠가 풍부하게 구축된 팬덤 플랫폼이 대안이 될 가능성이 크다. 유튜브처럼 이용자들에게 수익을 분배하지 않는 폐쇄적 이익 시스템은 도태될 것이다.

P2E Play to Earn 모델이 부상하고 블록체인 기술을 유튜브 대안 시스템으로 언급하는 데에는 이런 배경이 있다. 어쨌든 우리의 플랫폼들은 도도하게 바뀌고 있는 팬 커뮤니티 문화에 대비해야 한다. 그래미 어워즈가 아직 권위를 갖는 것은 현업 전문 종사자들의 투표에 따라 진행되기 때문이다. 그러나 10년 뒤에는 팬들 때문에 많은 것이 바뀔 수 있다. 즉 그래미도 아메리칸 뮤직 어워즈나 빌보드 뮤직 어워즈, MTV뮤직 어워즈처럼 팬 중심으로 이동하게 될 것이다. 앞으로는 팬들도 돈만 지급하는 이들이 아니라

이익과 성취물을 같이 공유하는 동반자적 구성원으로 거듭날 것이다. 이러한 점을 케이팝 플랫폼들이 반드시 지향해야 한다.

케이팝의 오라로

말할 것 같으면

"곧 그렇게 될 거야. 나 같은 사람은 이제 설 자리가 없어지는 거지."

한 유명 가수가 코로나19 상황에서 공연이 자꾸 취소되거나 연기되니까 이런 자조적인 말을 했다. 비대면 공연 등이 많아지니까 이런 생각을 했을 수 있다. 더구나 메타버스까지 언급되는 상황에서는 더욱 그렇다. 실제로 비대면 플랫폼과 영상 콘텐츠가 반응을 잘 끌어내고 있다. 특히 젊은 세대들이 열광하는 모습이 보인다. 하지만 사람은 자신이 경험하지 못한 영역에 맞서는 경향도 있다. 그러므로 비대면의 경험에 익숙할수록 대면 경험에 대한 열망도 더욱 커진다. 연구 논문에서 밝혀졌지만, 이른바 짝퉁을 소유한 사람은 결국 진품을 소유하고 싶은 심리가 더 강해지는 것으로 나타났다. 짝퉁이 많이 퍼질수록 가짜를 통해 처음에는 대리 만족을 하게 되지만 언제인가는 진품을 갖고 싶다는 마음이 더 커지는 것이다. 그러므로 명품 기업들은 짝퉁을 완전하게 없애지 않을 것이라는 분석도 있다. 이러한 면은 문화예술에서도 마찬가지다.

동대문에 이어 제주도에도 케이팝 홀로그램 공연장이 문을 연 적이 있다. 국내의 팬들을 목표로 하기보다는 해외 관광객을 염두에 뒀던 문화적 전략 조치 가운데 하나였다. 동대문이나 제주도는 외국인 특히 아시아인, 중국인들이 많이 방문하는 지역이기 때문이다.

한국이 정보통신 기술의 트렌드를 케이팝에 결합하는 것은 선택의 여지가 없다. 이른바 '팬심'에 부합하는 마케팅 혹은 콘텐츠 전략이기도 하다. 진정한 팬이라면 자신이 좋아하는 스타의 무엇이라도 소비하려 하기 때문이다. 직접 실체를 보일 수 없으면 대체재인 시각적 영상을 공연장에서 관람하고자 할 것이다.

하지만 이러한 간접성의 콘텐츠들을 팬들이 얼마나 인

내할 수 있을지는 의문이다. 그러므로 이런 콘텐츠에 대해 정부가 각종 지원책을 내놓는 것에 대해서는 성찰이 필요하다.

문화예술 영역에서 첨단 디지털 테크놀로지를 적극적으로 받아들이고 있는 주체는 케이팝이다. 정확하게 말하면 케이팝 기획사들이라고 할 수 있다. 대표적인 예가 홀로그램을 활용한 콘서트다. 기획사들은 전용관을 통해서 소속 가수들의 홀로그램 콘서트를 선보이고 있다. 적어도 YG와 SM은 사활을 건 대결을 벌이고 있다. 그래서 콘서트를 연다는 표현보다는 상영한다는 표현이 더 맞는 것 같다. 이미 제작한 동영상이나 실물 이미지의 공연 모습을 특정 공연장에서 빛을 활용해 관객들에게 보여주기 때문이다. 그러나 현재의 홀로그램 공연이 오래가지 못할 가능성이 크다. 하나의 이벤트 소재는 되겠지만, 지속성을 가질 수는 없을 것이다.

한류 현상은 글로벌 미디어 확산 현상을 압축적으로 나타낸다. 미디어는 기본적으로 간접성을 바탕으로 한다. 또한, 실재성이 아니라 비실재성이 기본적인 속성이다. 엑소라는 아이돌 그룹 이름은 외계에서 온 사람이라는 뜻을 갖지 않던가. 드라마 〈별에서 온 그대〉에서 도민준이라는 외계인 캐릭터가 인기를 끌 수 있었던 것도 미디어의 비실재성이나 비현실성과 관련이 있을 것이다. 연예기획사의 전략도 이런 비현실성을 강조하는 것은 미디어의 간접성을 토대로 삼기 때문이다.

실물을 보는 것이 아니라 시청각적 콘텐츠를 미디어 매개로 접할 뿐인 수용자들은 자신이 접하는 콘텐츠가 실제와 어떻게 다른지 알 수가 없다. 따라서 팬들은 실제로 확인해보고 싶은 본능을 가지게 된다. 이것이 케이팝 아이돌을 보러 한국을 찾는 이들의 심리다.

그런데 막상 한국에서도 실물을 보는 것이 아니라 미디어가 만들어낸 홀로그램을 본다면 어떨까. 적어도 이 대목에서 발터 벤야민Walter Benjamin이 말하는 '오라aura'라는 개념을 떠올릴 수 있어 보인다. 사람들은 적어도 진품, 실재를 보고 느끼려 한다. 복제품은 쉽게 접할 수는 있지만, 그 진품이 가지고 있는 오라를 줄 수 없다. 홀로그램은 복제일 뿐이며 진품은 다른 곳에 있다.

시각적인 자극의 차별화와는 별도로 홀로그램은 수익 다변화 차원에서 고안된 것이다. 털 하나로 분신을 자유자재로 만드는 손오공이었으면 얼마나 좋으랴. 손오공과 같이 분신술은 없지만, 그들에게는 홀로그램이 있었다. 직접 현장을 방문할 수 없으니 홀로그램 영상이라는 분신으로 대신하는 것이다.

물론 증강현실처럼 실재와 가상의 결합이 자연스럽게 형상화되는 작품이라면, 충분한 매력을 가질 수 있다. 그러나 온전히 가상 이미지만 등장하면 곧 관심 분야에서 사라질 가능성이 크다. 연극이나 뮤지컬의 기본 토대는 공연장이어야 한다. 비단 무대 공연에만 해당하는 것은 아니다. 케이팝의 경우에도 공연장 자체에 집중하는 것이 장기적인 관점에서 더 효과적일 것이다. 또한 '텔레프레전스Telepresence'나 '서라운드 뷰잉Surround Viewing'은 오라를 기본으로 해야 한다. 미디어가 발달할수록, 즉 간접성이 발달할수록 진정한 가치를 갖는 것은 바로 실존적 체험이기 때문이다.

예술 수준의 콘서트가 각종 시각적 효과로 한층 수준 높은 면모를 보여줄 때 특별한 가치를 지닐 수 있다. 요컨대, 여전히 중요한 것은 오라의 가치다. 비대면 시대에는 더더욱 진정성의 오라가 가치를 지닌다. 그런데 디지털 시대에는 또 다른 중요한 가치 부여의 잣대가 있다. 바로 팬덤이다. 예컨대 BTS의 지민이 입었던 옷이 경매에 나온다면 관건은 세탁 여부다. 즉 온전히 그의 체취가 남아 있어야 한다. 만약 지민의 팬이 아닌 사람의 눈에 그냥 더러운 옷으로 보일 정도라면 더 가치가 있다.

언젠가 구혜선의 그림에 대해서 젊은 화가가 혹평한 방송 내용이 논란이 됐다. 이에 대해서 구혜선이 반박을 하기도 했다. 예술에 절대적인 법칙은 없다는 것이 요점이었다. 젊은 화가의 지적을 이해 못 할 바는 아니다. 미술의 기본조차 모를 것 같은 배우가 그림을 그린다고 하니 불쾌함이 있을 수도 있다. 그 불쾌함의 근원은 연예인의 그림이 전업 화가보다 더 주목을 받았다는 것일 수도 있다. 많은 작가가 구혜선보다 오랜 세월에 걸쳐 노력을 많이 하는데도 전혀 존재감을 주지 못하는 현실을 공정하지 못한 현상으로 생각할 수도 있다. 그런데 여기에서 달라진 미술 환경을 생각하지 못하면 곤란해진다. 문화예술 수용구조가 변화하고 있기 때문이다.

젊은 화가는 입시를 경험하고 대학에서 교수, 평론가, 선배들의 평가를 거쳐 활동하는 작가들의 노고를 중요하게 여겼다. 이는 비단 미술만이 아니라 문학도 마찬가지다. 그런데 문단 중심의 문학은 위기인 반면, 웹소설이나 웹툰은 전대미문의 호황이다. 팬들이 원하는 작품을 제공해주기 때문이다. 미술시장의 또 다른 기회 역시 팬덤에 있다. 뮤지컬 활성화에 아이돌들이 이바지했듯이 말이다. 인기 스타들의 그림이 주목을 받는다면 노이즈를 일으켜 주는 논객들이 있기 때문이거나 그에게 팬덤이 있기 때문이다. 많은 기획사와 관련 기업들이 팬 커뮤니티 비즈니스 플랫폼을 만드는 것도 팬덤 때문이다. 그들의 그림이 형편없더라도 스타들이 그렸기 때문에 선호하는 이들이 있다면, 그 작품은 유효하다. 더구나 직접 그린 점에서 오라가 있다면 작품의 가치는 강화될 수밖에 없다.

걱정할 필요는 없다. 그들의 그림은 정통 미술 전공자들이 관심을 두는 것이 아니라 팬심을 위한 것이기 때문이다. 정통 미술인들의 팬덤은 교수, 평론가, 선후배 그리고 화랑에 모일 수 있을 것이다. 사실 대중 스타들의 인기는 배우 윤여정 말대로 한순간이기 때문에 시장이 다르다고 보는 것이 맞을 것이다. 다만 조영남처럼만 하지 않으면 된다. 개념 미술도 아닌데 개념 미술을 흉내내며 전문 작가를 속여 그리게 하고, 자신의 작품인 듯 전시회를 열어 팬들에게 판매 이득을 취하는 불법적인 행태 말이다. 법원의 판단은 대중에게 부차적이다.

재계에서는 ESG 열풍이 강한데, 결과물도 중요하지만 과정의 윤리나 도덕도 중요하다는 것이 그 핵심이다.

마찬가지로 아무리 오라가 있고 팬심이 있어도 윤리적 정당성이 없다면 외연이 확장되지 않고, 동네 잔치에 머물다가 사라질 것이다. 지금 미술계의 위기가 무엇인지 생각해 볼 만하지만, 누군가는 스타들의 그림에서 출발해 미술계 전반에 관심을 둘 수도 있다. 비판하는 자나 비판을 받는 자는 오히려 상생의 관계에 놓일 수 있다.

비대면 콘텐츠가 늘어나면 젊은 팬들은 열광할 것이고 그 시장이 더 확장될 수 있다. 이전의 기성 가수나 스타들에게는 집중하지 않을지도 모른다. 하지만 젊은 팬들은 대면 콘텐츠에 대한 가치도 여전히 높게 평가할 것이다. 우리는 보고 직접 느끼는 것을 우선시하는 물적, 경험적인 존재이기 때문이다. 중요한 것은 원본에 대한 매력을 느낄 수 있도록 어떻게 문화 콘텐츠를 어떻게 잘 만들 것인가이다. 진본의 가치를 높이기 위해 관심과 노력 그리고 가용자원이 모일 때 케이콘텐츠의 미래가 변함없이 밝을 것이다.

K
김헌식의 K콘텐츠혁명

1판 1쇄 인쇄 2023년 4월 28일
1판 1쇄 발행 2023년 5월 4일

지은이 김헌식
펴낸이 신주현 이정희
마케팅 신보성
디자인 조성미
제작 (주)아트인

펴낸곳 미디어샘
출판등록 2009년 11월 11일 제311-2009-33호

주소 03345 서울시 은평구 통일로 856 메트로타워 1117호
전화 02) 355-3922 | 팩스 02) 6499-3922
전자우편 mdsam@mdsam.net

ISBN 978-89-6857-223-4 03680

www.mdsam.net